EQUITY INVESTMENT
新常态下的股权投资

程磊 / 著

新华出版社

图书在版编目（CIP）数据

新常态下的股权投资 /程磊著. —北京：
新华出版社，2018.3
ISBN 978-7-5166-3962-7

Ⅰ.①新… Ⅱ.①程… Ⅲ.①股权-投资基金-研究
Ⅳ.①F830.59

中国版本图书馆 CIP 数据核字（2018）第 063147 号

新常态下的股权投资

作　　者：程　磊

责任编辑：徐　光　　　　　　　　封面设计：闻江文化

出版发行：新华出版社
地　　址：北京市石景山区京原路 8 号　　邮　　编：100040
网　　址：http://www.xinhuapub.com
经　　销：新华书店、新华出版社天猫旗舰店、京东旗舰店及各大网店
购书热线：010-63077122　　　　中国新闻书店购书热线：010-63072012

照　　排：北京正尔图文设计有限公司
印　　刷：大厂回族自治县正兴印务有限公司
成品尺寸：170mm×240mm
印　　张：13　　　　　　　　　　字　　数：180 千字
版　　次：2018 年 6 月第 1 版　　　印　　次：2018 年 6 月第 1 次印刷
书　　号：ISBN 978-7-5166-3962-7
定　　价：42.00 元

版权专有，侵权必究。如有质量问题，请于印厂联系调换：印厂电话 010—80842773

前 言
FORWARD

中国的股权投资经历过四个时代：2000年至2005年的萌芽阶段；2006年至2009年的股权投资发展阶段；2010年至2014年的全民PE时代；2015年至今的股权投资专业化时代。经历过四个时代的中国股权投资目前正处于经济的内升循环之中。纵观全球最有潜力的新兴市场还是在中国。一方面，中国的产业结构完整，人口基数大，需求充足，居民储蓄率高，消费占比低，发展非常有潜力；另一方面，中国政府的控制力比较强，所以中国能够并且已经在一定程度上形成了一个内升型的循环。

在经济内升循环中，中国股权投资机遇与挑战并存。

首先，从外部环境来看，为了大力优化资本市场，监管层陆续出台了针对股权投资行业的政策法规，同时还打算建立富有中国特色的私募基金可持续发展生态圈。《2017年政府工作报告》明确提出：要发展多层次资本市场，加大股权融资力度，完善主板市场基础性制度，积极发展创业板、新三板，规范发展区域性股权市场……这些都告诉我们，政府正在为股权投资市场的健康有序发展创造有利条件。此外，供给侧结构性改革正在有序稳步推进，实体经济的转型升级、国企的国资改革、政府和社会资本的合作等配套政策的制定，都为股权投资带来了很多机遇。

其次，从股权投资市场的发展状况来看，为了顺应市场形势由传统"单一策略"打法向"混合战略"的转型，VC/PE机构不仅更加重视全产业链的布局，比如：通过设立孵化器/加速器等方式提前介入、为企业提供嫁接资源，还积极参与到了产业链下游的并购和定增甚至二级市场。

物总是存在两面性！中国有一句古话说"福祸相依"，正好说明了这个问题。投资也是一样，好的投资者总能在其中发现好的机会。那么，如何在机遇与挑战并存的当下做股权投资？或者说未来股权投资的重点行业和领域是哪里？从热门投资行业细分领域来看，新常态下的TMT行业、大消费领域、文体娱乐产业、教育产业、医疗大健康产业、智能制造领域、新兴技术产业等都是不可忽视的投资良机。而这正是本书《新常态下的股权投资》所阐述的主要内容。

本书认为，在新常态下，TMT行业是资本最活跃的领域，大消费则是一个竞争非常激烈的领域，文体娱乐产业应该是投资的关注点，教育产业的投资应该认认真真做产业布局，医疗大健康产业中蕴含百年不遇的投资机遇，智能制造是投资界的下一个风口，新兴技术产业中有不可忽视的投资良机。

关注热门行业和领域，抓住机会做股权投资，必将获得理想的回报！

目 录
COTALOG

第一章　经济新常态下股权投资的机遇与挑战 / 1
　　私募股权投资行业背景变化 / 3
　　私募股权投资兴起缘由 / 9
　　中国家庭财富变迁史 / 14
　　新常态下的投资需求与热情 / 16
　　经济新常态下投资机构的机遇 / 18
　　国内 PE 专业化是唯一出路 / 20

第二章　新常态下的 TMT 行业：资本最活跃的领域 / 25
　　TMT 领域为什么会成为投资热点？ / 27
　　TMT 行业"价值地图"的四条主线 / 31
　　TMT 行业投资逻辑：找出产业链，确立公司框架 / 38
　　天星资本：重点下注新三板 TMT 领域 / 44

第三章　新常态下的大消费：一个竞争非常激烈的领域 / 49
　　大消费来袭，资本结构发生裂变 / 51
　　消费升级时代的未来十年投资趋势 / 57
　　大消费领域的投资逻辑：布局、领投、"少而精" / 63
　　青山资本：消费升级领域项目的投资逻辑 / 67

第四章　新常态下的文体娱乐产业：投资的关注点 / 71
　　文体娱乐产业火爆背后的关键词 / 73
　　文体娱乐产业的融资特点 / 81

文体娱乐产业十大投资热点 / 83

辰海资本："三剑客"运作妙基金文娱内容 / 91

第五章 新常态下的教育产业：在稳定中探索新模式 / 97

教育行业2017年各季度投融资情况分析 / 99

坚定投资教育行业的三大理由 / 103

教育细分领域幼儿、K12教育是投资热点 / 107

几何投资：要做教育领域金融服务商 / 114

第六章 新常态下的医疗大健康产业：百年不遇的机遇 / 117

大健康产业：10万亿大蛋糕待分享 / 119

医疗大健康细分领域投资机会 / 125

医疗大健康产业未来发展趋势和方向 / 129

红杉资本：医疗健康领域的投资理念与实践 / 133

第七章 新常态下的智能制造：投资界的下一个风口 / 141

智能制造是投资界的下一个风口 / 143

资本助力制造业攀升价值链高端 / 147

智能制造领域的五大投资热点 / 150

金葵花资本：坚定看好高端制造 / 160

第八章 新常态下的新兴技术产业：不可忽视的投资良机 / 163

新常态下新兴技术产业的发展 / 165

战略性新兴产业的"钱途"版块 / 175

新兴产业投资规则与融资攻略 / 184

九鼎投资：解读"十三五"，助力新兴产业 / 192

后 记 / 200

参考资料 / 201

第一章 经济新常态下股权投资的机遇与挑战

　　本章从宏观经济、金融环境、产业发展这三个维度横向分析其变化对私募股权投资行业募、投、管、退等方面造成的影响,梳理了中国私募股权投资行业发展的历史和现状。从中可以看出,经济新常态下股权投资开启了中国历史上一次"好人赚钱"的时代,这是一个靠能力和核心价值观而不是靠关系赚钱的时代,也是专业化的时代。

私募股权投资行业背景变化

如今，中国经济已经摒弃了旧式的粗放式经济发展模式进入新常态，产业、金融等方面的政策制定和推行也呈现出新的面貌和特点，私募股权是资本配置的一个重要领域，行业环境也随之发生了改变，具体表现为：

●**宏观经济转型，募资端"国家队化"和"散户化"明显**

随着中国宏观经济进入转型升级期，政府一方面在全国掀起大众创业万众创新的热潮，各类产业国家引导基金项目成立；另一方面加快国有企业混合所有制改革，各类重组整合基金成立。如表1—1所示。

表1—1 截止2016年底目标规模百亿以上政府引导基金成立情况

序号	引导基金名称	级别	目标规模（亿元）	设立时间
1	深圳市属国资改革与战略发展基金	市级	1500	2016
2	国家集成电路产业投资基金	国家级	1387.2	2014
3	北京市政府投资引导基金	省级	1000	2016
4	江西省发展升级引导基金	省级	1000	2016
5	徐州产业发展引导基金	市级	1000	2016

6	国家中小企业发展基金	国家级	600	2015
7	广东省重大科技成果产业化母基金	省级	500	2016
8	国家新兴产业创业投资引导基金	国家级	400	2015
9	湖北长江经济带产业基金	省级	400	2015
10	成都前海产业投资基金	市级	400	2016
11	扬中市智慧长江产业引导基金	市级	300	2016
12	国家先进制造业产业投资基金	国家级	200	2016

上表反映的结果是，私募股权募资端"国家队化"明显，基金体量由于国家队的加入水涨船高。而与此相适应的是，近年来资产荒和金融自由化，风投、私募等由过往高端的印象逐渐进入普通大众的视野，由此募资端开始呈现出"散户化"的特点。比如通过百度关键词搜索"爱奇艺私有化"、"360中概股回归"等项目，就能搜到"100万起投，非直投"等相关项目书。

● 一级市场新政不断，退出渠道持续变化

与宏观经济发展态势之相对应的，政府为了支持实体企业融资，在资本市场进行了一系列改革和政策指引，提高直接融资比重，具体表现为新三板的大扩容和公司债的发展。2016年以来，政府进一步突出强调提高股权融资比重，具体表现为从审核尺度、批文速度等方面加快IPO（首次公开募股，Initial Public Offerings，简称"IPO"）的发行，IPO注册制已经是不宣而战。

IPO注册制是相对于审批制、核准制来说的。中国内地的股票发行制度，经历了从审批制到核准制的演变过程,虽然名称发生了变化,但"审批"的本质依然如故。也就是说,企业能否上市、是否符合上市条件、每股卖多少钱、发行规模多大、什么时候发行……所有的这些问题都要由监管部门来决定,不仅要看拟上市公司是否符合产业政策,还要看企业的盈利能力和发展前景如何。

案例1:

北京某电气技术股份有限公司在审核制下的被否原因有:2010年3月前,公司董事会由6人组成,后来经过3次调整增加到9人,除了3名独立董事,3年内董事会只有张某、刘某二人没有出现变化。申请材料和现场陈述都没有对上述变化情况及其对公司经营决策的影响作出充分、合理的解释。发审委认为,这种情形不符合《首次公开发行股票并上市管理办法》(证监会令第32号)第12条的规定。第12条规定:发行人最近3年内主营业务和董事、高级管理人员没有发生重大变化,实际控制人就不会发生变更。

注册制下的推测该公司被终止原因:形式上是申请材料中未有董事更换原因披露,材料不齐备。但实质上是对上述董事变化情况及对公司经营决策的影响未做出充分、合理的解释。属于有重大遗漏。

案例2:

深圳某移动技术股份有限公司审核制下的被否原因有:H公司是公司实际控制人的妹夫梁某控制的企业,是公司的主要代工厂之一。2009—2011

年，公司对H公司的委托加工交易占当期同类业务的比重分别为32.60%、22.62%、36.04%。2011年度，H公司为公司加工手机459.59万部，占H公司总加工量的74.13%。可见，报告期内公司的独立性存在缺陷，不符合《首次公开发行股票并上市管理办法》（证监会令第32号）第20条的规定。第29条规定：发行人在独立性方面不能存在其他严重缺陷。

注册制下的推测该公司被否决原因：形式上是对于关联交易披露的齐备性存疑。但实质上是对其关联交易的商业实质存疑。属于有重大遗漏。

从上面两个案例可见，基本上所有被否案例都可以在注册制下找到终止原因，所以企业还是要对上市工作做足准备，注册制是一个逐步转化的过程。政策的宽严，还是决策者可以把控的。

在并购方面，"强监管"成为主题词，一度火热的并购退出开始冰冻。从整体上看，股权融资退出渠道变化受国家宏观环境和政策的影响，变化较大。

● **互联网投资进入下半场，资源整合是投资机构的核心竞争力**

在投资端，互联网投资进入下半场，传统的互联网商业模式创新已经无法继续进行，下半场更加重视行业本身和技术本身，传统的制造业升级、技术创新等也逐渐重归资本方视野。在整个经济转型升级背景下，企业对私募股权投资机构的需求不仅有资本需求，还需要投资机构提供战略咨询、人才供给、产业链整合等多项帮助。下面是私募股权投资机构金葵花的案例：

一直以来，金葵花资本（以下简称"金葵花"）都非常重视团队成员的专业性。此机构的投资流程分为多个执行阶段，如：项目开发、立项尽调、内核风控、投资决策、投后管理等，渗透到了募、投、管、退等各个环节，保证了各团队专业性和独立性，保障了公司投资项目的高效运行。每次荣誉的获得，都能对团队起到很好的鼓励和鞭策作用。

金葵花是私募股权投资行业的成长力量，金葵花资本坚持价值投资，踏踏实实，稳健前行。凭借自己在投资领域的专业实力和优异表现，金葵花赢得了权威媒体的认可和社会各界的肯定。2017年12月5日中国财经媒体领导者《21世纪经济报道》在北京JW万豪酒店主办了"2017中国创新资本年会"，发布了"第七届中国股权投资竞争力榜单"，金葵花成功入围私募股权投资"年度机构综合类"评选，获得"2017年度高成长私募股权投资机构"的荣誉。

从2016年下半年开始，IPO审核速度明显加快，Pre-IPO项目受到市场追捧。统计数据显示，2016年有2个及以上项目实现IPO的投资机构多达80多家。对于投资机构来说，这是比较理想的退出方式，但同时也遇到了一系列问题，比如：Pre-IPO入股价格高、入股时间长等。投资要经历一个全面衡量的过程，期限、价格等都是重要的参考因素，因此在选择投资项目时，要对企业情况做出合理的分析判断，对企业利润、现金流、毛利率、市场占有率等因素进行综合评测，找到价值被低估或前景广阔的标的项目。

投资团队的重要原则是：将目光放长远，积极发现价值，支持代表未来方向的产业，支持能够解决行业痛点的项目，支持国内外优秀的企业家。近几年，政府不断强调金融要服务于实体，优质企业的IPO道路必然会更加宽松顺畅；同时，资本市场的主要功能还包括实现资源的优化配置，所以类似金葵花这样的私募股权投资机构要更加积极地匹配市场需求，这也是保证金融市场平稳运行、向着更好的方向发展的大前提。

私募股权投资兴起缘由

私募股权并非投资于宽泛的金融市场,而是集中投资于某一特定公司或领域,以牺牲短期流动性为代价获得更高的投资回报。更为重要的一点,私募股权投资可以作为投资组合多元化策略的重要组成,因为其与大多数资产种类都有着较低的相关性,如现金、债券、对冲基金、权益、商品及房地产等资产。

●私募股权投资缘何兴起

2008年金融危机发生后,利率持续下行,公开市场投资回报率逐渐降低,世界各界的主流机构投资者纷纷将注意力集中到非公开市场,增加了另类资产配置的比重,减少了因受低利率环境影响而导致的收益下降的现金和固定收益类资产的比重。

根据BCG和花旗的研究显示,在过去5年中,在私募股权这一单项另类资产的平均配置金额,国外主权财富基金在2011—2016年间增长了约70%,比如:耶鲁基金的另类资产配置比例从过去的30%增加到现在的53%,其中私募基金和风险投资占33%。耶鲁基金是全球运作最成功的学校捐赠基金，在30年的时间里市值增长了11倍，其创造的"耶鲁模式"也成为机构投资者和家族办公室的模仿对象。

再如：管理着2000多亿美元资产的加拿大公共养老金（CPPIB）的另类投资占比，2005年是4.3%，2016年则高达47.6%，增长了10倍；而最偏向二级市场投资的挪威政府养老基金（NGPFG），从2010年开始进行针对房地产的另类投资，将目标配置比例调整为5%。

对于中国的大型机构投资者来说要顺势而为，在风险可控的前提下，要合理加强对另类资产的配置比例，同时还要加强房地产和基础设施的投资，对冲基金的配置比例则不能太高。目前，中国3万亿元外汇储备多数都配置在公开市场，另类投资占比约为5%，可以提高到10%～15%，私募股权基金、房地产、基础设施各占三分之一。同时，进行另类投资时，中国投资者还要结合长期投资策略，充分实现另类投资带来的回报优势。

另类资产之所以会受到投资者的青睐，主要原因就在于，不仅能提供高于传统公开市场的回报，还能改善整体投资组合的收益水平，平衡各类风险因素。而在另类资产类别中，私募股权投资占据的比例较大。

国际投资公司康桥汇世投资顾问（北京）有限公司的数据显示，全球私募股权基金指数的10年期的平均回报是12%，20年期的平均回报为15%，而同期全球的主要股票指数分别为6%和7%，前者的投资回报率几乎是后者的两倍。同时数据还显示，经历金融危机后，投资组合中的私募股权遭遇的价值下滑幅度仅为公开市场股票投资的60%，遇到极端经济环境价值损失不大，冲击也相对较小。

从市场周期来看，私募股权投资主要关注的是正在经历重大变革或资本短缺的领域，以及拥有持续成长动力的细分行业，投资标的一般都在技术、产品、理念、人员等方面具有独特的优势，可以带来较高的回报率。但从根本上说，股权投资的高收益依然来自：信息不对称时，专业投资者对价值的发现与创造、对流动性损失的补偿。主要原因就在于，股权投资的资本多数都源于耐心资本，投资者往往要通过配置低流动性的权益资产，对标的进行战略定位、估值并作出判断，把握行业发展的拐点、定价异常和市场非有效性等因素，获得相对高流动性资产产生的溢价。

● 私募股权投资发展的影响因素

私募股权投资在运作中主要有"募、投、管、退"四个环节。"募"即募资，把投资者的资金集中起来；"投"即投资，把基金的资金投到被投资企业中；"管"即管理，投资后对被投资企业进行管理和服务，帮助企业发展；"退"即变现，把投资变现获得现金，然后分配给投资者。无论是对单个投资项目，还是对整个投资基金，私募股权投资都包括这四个环节，周而复始，不断循环。围绕"募、投、管、退"四个环节，影响私募股权投资发展的因素主要有以下五个。如表1—2所示。

表1—2 私募股权投资发展的五个影响因素

影响因素	具体表现
资金	从美国等发达国家的情况看,母基金(Fund of Funds),简称"FOF")、养老基金、大学基金和保险资金等构成了私募股权投资基金最主要的投资群体,它们的资金占到PE基金资本总额的一半以上。这些投资者均为长线投资者,追求长期、稳定的投资回报,因此,他们投资基金的存续期一般为10年甚至更长。相对较长的存续期,有利于基金专注于中早期项目的投资,也有利于推动基金形成稳健、长期的投资风格。中国目前私募股权投资基金的投资群体主要是个人,资金规模小,投资期限短。随着社保基金、保险资金等开始投资私募股权投资基金,以及中国FOF的不断发展与成熟,未来中国私募股权投资的资金规模将不断扩大,机构投资者将成为中国私募股权投资基金的主要投资群体,同时也会推动私募股权投资基金的投资逻辑和投资风格趋于理性和成熟。
退出	退出是私募股权投资的生命线,只有当基金把所持被投资企业股权在二级市场上出售,或通过并购等方式转让给其他投资者,私募股权投资才能收回投资成本,实现投资增值。因此,退出渠道是否顺畅对私募股权投资的发展至关重要。目前,中国多层次资本市场已初步建立,形成了主板、中小企业板、创业板及新三板等相互衔接的多层次的资本市场体系,为私募股权投资的退出提供了良好渠道,也为私募股权投资的发展创造了良好的环境。
税收	税收作为经济杠杆,在鼓励私募股权投资发展方面有着重要的作用。私募股权投资的投资对象大多属于国家鼓励的战略新兴产业中的创新型中小企业,对这些企业进行投资、提供增值服务并帮助其上市,对推动国家的产业升级、鼓励创新具有积极的意义,因此国家和许多地方政府出台了一系列税收优惠政策,很好地促进了私募股权投资的发展。
管理经验	与国外相比,中国私募股权投资行业的发展时间相对较短,尽管目前中国的基金管理团队数量众多,但真正熟悉国情并具有丰富的本土投资经验的团队相对较少。随着私募股权投资的发展,拥有丰富经验、自身稳定独立、具有国际视野和本土化特质的基金管理团队将会出现,并将成为中国私募股权投资的中坚力量。
专业性	私募股权投资具有高风险、高收益的特点,其投资、管理和退出具有非常强的专业性,这对基金管理团队的专业性提出了更高的要求。基金管理团队对于行业的理解、各类资源的整合能力、项目的判断能力、投资后管理的增值服务等将成为决定基金成败的关键。基金管理团队的专业能力成为影响私募股权投资发展的内在的因素。

由此可见，私募股权投资的发展既受到资金、退出渠道、税收等外部环境的影响，也受到业内机构的管理经验和专业能力的影响。改善这些因素，让"募投管退"更有效，私募股权投资一定会有更好的发展。

中国家庭财富变迁史

最近几年,国内股权投资经历了"全民PE"急速发展期,散户化趋势明显,但任何行业都会经历一个"野蛮增长→行业整合→集中化"的过程,股权投资同样如此。就存量资本来说,截至2017年6月底,股权类私募基金实缴管理规模为5.83万亿元,比去年年底增加了1.5万亿元,增幅达34.8%;而同期的私募管理基金是从1.5789万亿元增长到2.3473万亿元,增幅为48.7%。数据显示,目前84.3%的高净值人士配置了私募股权基金,23.7%的高净值人士的配置比例超过30%,7.8%的高净值人士私募股权基金的配置比例超过50%。

● 中国人的财富变迁三阶段

近年来,受益于政策和经济扩张的红利,中国家庭的财富在较短的年限内实现了可观的存量增长。中国人的财富变迁史可分为以下三个阶段。如表1—3所示。

表1—3 中国人的财富变迁三阶段

阶 段	概 况
播种阶段	中国人的财富始于播种阶段,投资者主要关心的是衣食住行等基本需求,资产配置多以流动性资产为主,如现金、国内权益及固定收益类债券。

过渡阶段	过渡阶段指的是从播种阶段过渡到财富建立阶段。在过渡阶段，投资者的需求外延逐步纳入了教育、提升生活品质、退休规划和财富的传承，多层次需求的实现需要多元的资产配置，在此阶段，"不要把所有的鸡蛋放进同一个篮子里"这句西方谚语蕴含的投资理念被大部分人迅速接受并运用于实践。
财富建立阶段	这个阶段的高净值个人和家庭在通过实业投资、并购、IPO 上市、继承等方式积累了高额财富后，他们的可投资资产涵盖范围的复杂程度将远超之前财富阶段，纳入了海外权益类资产、风险投资、私募股权投资、对冲基金、房地产信托等资产类别。

这里需要指出的是：对于现阶段家族财富拥有者和高净值个人来说，未来财富保值增值的主线是：另辟蹊径合理配置资产、发掘新的价值增长点。

● 家族财富拥有者与高净值个人

投资私募股权可以使家族财富拥有者和高净值个人更好地了解资金投向、行业和商业模式，能更加贴近运营和管理团队，因此最近几年，私募股权在家族资产的配置比重稳步上升。投资者之所以要增加私募股权投资，主要目的在于：创造跨代财富，用更长的资本锁定期获得未来财富的增值。

如今，很多家族财富拥有者和高净值人士还不具备必要的知识、时间和人员配置，无法对每项私募股权交易做好尽职调查。可是，随着高净值人群资产配置理念的逐渐加深，随着为专业服务付费的习惯逐渐养成，私募股权行业的专业化程度必然会越来越高。高净值人群只要将自己的财富集中交给专业投资机构，投资机构选择最优秀的管理人参与其中，将各类优势资源聚集在一起，扩大生存空间，就能实现财富的保值增值和顺利传承。

新常态下的投资需求与热情

经济新常态处于大有可为的重要战略机遇期，同时也面临着矛盾叠加、风险隐患增多的严峻挑战。经济增速放缓的形势下，质量增长就成为当务之急，供给侧结构性改革便成为破局之法。随着各项改革措施的大力推进，在外部性、周期性因素的共同作用下，我国经济继续回暖已成定局，创新驱动产业结构优化升级取得了一系列进展。

● **股权投资依旧是以需求为导向**

目前，国内投资行业资金充足，流动性较强，优质企业格外抢手。尤其是在股权投资领域，独角兽项目更是受到了资本的青睐。股权投资是个价值创造和升华的过程，不仅需要掌握专业知识，还要有足够的耐心，如此才能让企业经过时间的锤炼健康成长。无论是传统产业、制造业，还是"互联网+"新兴企业，所有的一切都要以需求为导向，只要需求方面的功能足够强大，就需要关注。

供给与需求之间出现缺口，是股权投资的渗透时机，所谓顺势而为就是如此。缺口越大，资本的机会也就越大！随着时间的不断推移，一个行业可以延伸出无限的可能性，只有顺着需求的导向不断布局，才能不断锁定多个转瞬即逝的财富爆点。我们相信，随着A股市场机制的不断完善和IPO核发速度的加快，未来股权投资市场必然会更加繁荣。

●投资热情继续高涨

在中国经济新常态下，资本市场每时每刻都孕育着机会，在转瞬即逝的机遇中捕获稀缺的独角兽是投资方努力思考的发力点。如今，中国依然是全球比较看好的投资市场，人民币基金是重要的市场力量，紧跟产业结构优化升级的政策导向，实业投资就能抓住更多的机遇。

2016年，PE（私募股权投资，Private Equity，简称"PE"）、VC（风险投资，Venture Capital，简称"VC"）的投资数量创下历年记录，爆发出了一批独角兽企业，吸引了大量的资本注入。2016年，人民币募资市场约1700亿美元，而美元基金规模却只有约300亿美元。2017年，投资市场持续扩大，投资热情丝毫不减。对于那些市场足够宽阔、成长性比较优越的领域，资本的活跃度非常高涨。目前，我国人民币基金的存量已经远超美元基金，占据绝对优势。

股权投资想要跟上趋势，跑赢大势，就要认真做出判断，提前布局，在决策力、敏锐度、预见性等方面做到位，努力挖掘前景开阔的优质项目，做好价值投资。

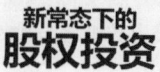

经济新常态下投资机构的机遇

经济新常态下,经济转型和金融改革,给私募股权投资行业带来了新的机遇。

● **股权市场扩容催生特色投资机构**

随着新三板的扩容、IPO 的加速,中国上市公司数量直追美国。可是,IPO 数量定然会随着经济增长速度的降低而逐渐减少,通过 IPO 退出,必然会越来越少。而上市公司的大扩容,整个水池就会变大,围绕上市公司开展的资本运作也会逐渐增加。

在再融资和并购重组火爆的 2015 年和 2016 年,各种资本运作方式不断涌现,即使有些游走在法律边缘,但整体上看,依然有效促进了资本与产业融合的效率。未来,PE 会出现越来越多的小而美、专注于某个行业和某个类型的商业模式。

● **资本过剩和产业转型对投资机构提出新要求**

过去,中国经济资本短缺,各行业都处于初级发展阶段,增量市场很大。如果企业的市场潜力大,资本就能很好地支撑自己的扩张市场份额;而对私募股权投资来说，好项目足够多，投资策略上市场供求分析就会多，对于企业的精细化研究就会减少。随着经济发展进入存量阶段，企业要更加强调产品或服务的差异化，因此要努力提高创新意识和管理能力。这一阶段的投资，单纯给钱并不是企业想要的，产业资源的整合能力决定着企业的核心竞争力。

● **一二级估值差缩小对投资机构提出更高要求**

由于供给端的 IPO 牌照稀缺和需求端的散户化羊群效应，中国的二级市场特别是创业板市场被长期高估。很长一段时间以来，国内的私募股权投资，不管是 IPO，还是并购退出，都是一二级市场流动性带来的估值差套利，对成长性良好企业的挖掘，专注度还不够，具体表现为：从业人员来自产业界的很少，LP 的资金期限结构较短，而真正的私募投资收益通常来源于企业成长。

2017 年后的 IPO 加速，一方面降低了 A 股牌照稀缺性；另一方面，随着上市公司的扩容，二级市场信息不对称程度增加，机构的专业优势更加突出。两端的压缩让二级市场估值向欧美成熟市场估值逐渐靠拢，一二级估值差大大缩小。

总来说之，在经济新常态下，私募股权投资只有专注于寻找优秀的企业并陪同其成长，才能适应经济转型和金融改革的要求。

国内 PE 专业化是唯一出路

2014 年 9 月李克强总理提出的"双创"和新三板的扩容以及注册制的预期出台，股权投资逐步进入一个专业化时代。PE 公司怎么样做到一流？无论是老投资机构还是新投资机构，专业化是唯一的出路。

● **老投资机构：打造专业团队，做好投后管理**

最近几年，国内私募股权行业的投后管理与团队建设快速发展，不断向国际成熟的标准模式看齐。例如，投后管理领域中面向 LP 的信息披露服务，过去很多机构都无法在规定的时间里拿出定期披露报告，如今类似的细节在主流机构中已经得到完善，公共关系、客户关系和团队管理，都变得更加成熟。

天图投资是股权投资专业化趋势的预见者和引领者，其专业化主要表现在三个方面：

1. 行业先行者，建立领先优势。天图是消费领域股权投资专业化趋势的预见者和引领者之一，五年前已经率先聚焦消费品投资，组织全体投研人员进行了系统研究，还通过不断的投资实践，在消费品企业的成长规律、成长策略、品牌运营、团队能力判断等关键领域建立了先进的理念、知识和经验，形成了以"品牌投资、拐点投资和深度投资"为核心的独特投资体系。

2. 具有品牌影响力优势。天图的品牌影响力是项目市场的重要竞争力之一，品牌项目融资通常青睐于有品牌的投资机构，而投资品牌项目又会进一步增强天图品牌，形成良性循环，有效巩固了公司的先发优势和领先地位，加快了公司的发展，强化了公司品牌。

3. 核心团队经验丰富，高效稳定。天图的核心成员平均都有着10年以上专业经验，内容涉及投资、投行、咨询、实业、财务、法律等多方面。在统一的投资理念和方法指导下，经过长期磨合，逐步形成了高效、稳定的投资管理团队。

专业化的股权投资实践为天图投资带来了丰硕成果。2017年7月初，天图投资发布了2017年第一季度季报，报告披露第一季度实现营业收入5118万元，实现净利润3309.32万元；总资产为76.3亿元，净资产为55.5亿元。

天图投资的专业化探索实践说明：投后管理日渐重要，团队建设必须重视专业化。

在投后管理上，目前的投后管理主要采取三种方式：1. 对投后企业的运营和财务状况进行跟踪；2. 委派相关人员入驻被投企业，及时监控企业战略和经营；3. 从品牌、人力、财务等方面为企业带来全方位增值和提升，注重长期投资，与企业一起成长。目前天图更倾向于第三种方式，能够为企业提供更多的帮助，与企业协同发展；部分机构在投后管理过程中也能处理好 GP（普通合伙人，General Partner，简称"GP"）与被投企业之间的关系，GP 应尊重被投企业的发展战略和运营模式，根据被投企业的实际需求，为企业提供多方面的帮助。

在团队建设上，国内私募股权行业的团队建设越来越重视专业化水平，比如：在选拔管理团队新成员时，最看中他们的项目操作能力、过往业绩和特定从业经历。

● **新投资机构：培养产业洞见，布局细分领域**

在私募股权市场，如果说老投资机构需要保持活力，那么新投资机构则需要洞见+专业化，这是新机构获得竞争力的有效途径。

新机构，不仅要有产业的洞见，掌握对未来的打法，还要将深刻的资源嫁接进去。所谓洞见，就是要对整个产业和行业有足够的了解，找到蓝海和红海。所有的风口都是前人创造出来的，如今 LP 越来越专业，竞争越来越激烈，同质化现象也越来越普遍，缺少了洞见，GP 的融资难度就会逐渐提高。

新的投资机构没有较深的积淀，这就需要精准投资，不能急躁、不能追风口、不能抢项目。因此新机构的投资理念是，按照专业化的布局在某一个细分领域完善投资，逐步向老牌投资机构演变。

分享投资是一个成立于 2007 年的私募股权机构，采取有限合伙制，已经投资的公司超过 100 家。目前，分享投资专注于互联网创新和医疗健康两个领域的早期投资。2016 年 4 月，分享投资荣获由投中信息集团颁发的"2015 年度中国最佳中资创投机构 TOP20 称号"，名列 17 位。

分享投资是一个全新的私募股权机构，每发起一只新基金，都要重新对整个市场的环境梳理一遍，重新创新基金产品。在这个过程中，分享投资重视聚焦，开始时是一个综合型的VC，然后聚焦到一个细分市场，如此就能将团队的精力和资源聚焦在一个点上，不断地获得新生。

聚焦、专注，才能专业。正是通过聚焦、专注，分享投资才能越来越专业，从而在私募股权投资领域稳扎稳打，在各种浪潮中立于不败之地。

第二章 新常态下的 TMT 行业：资本最活跃的领域

新常态下的 TMT 行业是资本领域最活跃的。TMT 行业是互联网科技前沿领域，蕴含着巨大的投资机会，各机构要不断加强对 TMT 领域优质项目的投资布局。其实，对于逐利的资本来说，TMT 行业是应对自如的优质标的，更是镁光灯下长久不衰的热门话题；行业的每一次变动，都影响着资本潮水的涌动方向。在新三板扩容后，更多的机构都参到了 TMT 行业中。

TMT领域为什么会成为投资热点?

TMT,是科技(Technology)、媒体(Media)和通信(Telecom)三个英文单词的缩写的,实际是未来(互联网)科技、媒体和通信,包括信息技术这样一个融合趋势所产生的新兴产业,这就是TMT产业。目前实务中对TMT行业的理解有一些变异,更多是用于新技术、新模式、高成长、高估值行业的代名词。

TMT行业涵盖的领域主要为新兴科技产业,是我国战略新兴产业的重要组成部分。在国家经济结构转型的大背景下,作为互联网科技前沿领域的TMT行业受到政府的大力支持,行业规模增速处于领先水平。伴随着消费升级和经济结构的持续优化,TMT产业已经成为中国最受关注"朝阳产业"之一。

● **TMT行业的四大投资优势**

作为一个朝阳产业,TMT行业究竟有什么优势使它成为投资热点?具体来说,它有以下四大投资优势:

1. 抗周期性强。经济周期直接影响着企业的发展:在上升周期时,产品供不应求,企业会扩大生产,同时通过贷款等债权融资模式引入资金,扩大再生产；在下降周期，销量下降、利润下降，贷款成本依然存在，企业就可能出现资金链断裂的流动性风险。比如，前几年出现"蒜你狠""姜你军"时，市场好、价格高，人们蜂拥而上，结果产能过剩、菜贱伤农，周而复始。经济周期会像钟表一样往复循环，经济周期、货币政策极大地影响着企业的成本和利润，传统企业的盈利能力也会变得不稳定。跟传统行业不同的是，TMT行业的优质企业是一种创新型、科技型、服务型的轻资产行业，债权融资比例极少，受经济周期、货币政策的影响极小。因此，TMT行业具备穿越经济周期的能力。

2. 资源整合能力高。TMT行业资源整合能力主要基于两个原因：其一，TMT企业主要都是股权融资，与债权融资不同，企业发展的好坏，直接决定了投资回报。因此投资者给到企业的不仅仅是资金，更是上下游资源的整合、专业的辅导等等，有助于企业的发展。其二，TMT赢者通吃的规律，决定了TMT的并购比例要远远高于其他行业，通过并购有助于形成合力。

滴滴和快的合并，体现的就是整合逻辑。在打车行业，滴滴是先发者，之后才有了快的，后来的大黄蜂等虽然也非常努力，但依然无法在第一时间追赶上它们。司机越多，打车越快捷，放弃服务到其他平台的可能性就越小，滴滴和快的合并，可以让公司聚拢和整合现有的资源，强化网络效应优势，为用户提供更高效的服务，拉开和其他竞争者的距离，成为货真价实的市场领军者。

合并，是两家目标高远的公司共同创造伟大的开始，能减少不必要的资源浪费，将更多的资源投入到产品创新上。更深远的优势是，两家公司可以停止补贴战进行真正的创新。过度竞争,不利于公司的发展,会造成大量的浪费,只有减少这些浪费,公司才有机会实现真正的创新。

3. 具备更高的"天花板"。企业销量下降,激烈的竞争只是其中的一个原因,市场饱和才是关键,也就是遇到"天花板"。TMT 行业聚集了众多的科技型、服务型企业,与客户的交互频率更高,不用购买就能享受服务,"天花板"自然也要高得多。

4. 商业壁垒更明显、爆发力更强。TMT 行业的优质企业,基于其庞大的客户群体和大数据基础,在原有业务线的沉淀的优势基础上,非常有利于新的业务板块的产生,因此这类企业的发展具备无限的可能性,极具爆发力。

在 QQ 形成的巨大客户基础上,腾讯推出了微信,结果大获成功;在微信基础上,推出的各类游戏、微信理财,都占据了极高的市场份额。可是这一切对腾讯来说,只是客户导流,在难度、时间、成本等方面有着独特的优势。未来,基于微信钱包里储备的各类小巨人,不一定会出现擎天柱,可是任何一个擎天柱的出现,都会带来巨大的利润空间。

在上述四大优势作用下,TMT 行业必然会在资本市场上表现出突出的吸引力和成长潜力!比如在新三板资本市场,TMT 已经成为了新三板主力军并凸显其投资价值。

● **TMT 行业在新三板市场的投资价值**

很长一段时间以来,TMT 行业都是新三板中仅次于制造业的第二大行业。从数据显示的挂牌与做市数量来看,TMT 行业是新三板中挂牌数量和做市家数最多的行业。

截止 2016 年 11 月 9 日，新三板挂牌公司数量为 9440 家；根据 GICS 行业分类标准，新三板 TMT 行业挂牌数量约为 2748 家，占总量的 29.11%。其中，TMT 做市企业数量约 518 家，占新三板做市企业总数的 31.48%。

从发行股份来看，TMT 行业发行股份总量为 1109.6 亿股，其中可交易股份总量为 416.1 亿股。截止 2017 年 9 月 8 日，新三板 TMT 板块（计算机、电子、通信、互联网、传媒）共 3664 家企业公布了 2017 年中报，已公告中报企业 2017 年共实现营业收入 2394.9 亿元，同比增长 24.2%，高于 A 股的 20.8%，高于三板整体的 21.76%；实现归属挂牌公司股东净利润 89.1 亿元，同比增长 76.4%，高于 A 股的 19.9%，高于三板整体的 25.23%。

多项数据显示，TMT 已经成为新三板的主力军。

从投资价值方面来看，新三板 TMT 行业公司资源比创业板和中小板丰富，其中互联网传媒、文化传媒、营销传媒、计算机应用等行业公司数量明显超过中小板和创业板中的该类企业数量。新三板 TMT 公司的 ROE 中值、PE 水平、净利润增速比中小板和创业板均有优势，其投资价值凸显。

如今，只要带上一部手机，就能走遍天下。消费升级时代到来，共享经济越发普及；随着人工智能和商业的不断融合，我们的生活也越来越便利。所有的这一切都来自科技的不断发展和进步，TMT 行业作为前沿领域，也蕴藏着巨大的投资机会，因此要不断加强对 TMT 领域优质项目的投资布局。

TMT行业"价值地图"的四条主线

TMT行业是以互联网等媒体为基础的新兴产业,将高科技公司和电信业等行业很好地连接起来,是最具商业前景的行业之一。近年来,随着中国TMT的快速发展,股权投资活动也持续活跃,虽然中国TMT行业起步较晚,依然朝气无限。在国家升级转型及新型战略产业扶持政策的背景下,国内的TMT行业必然会迎来新的腾飞,必然会孕育出众多的投资机会。

● **TMT行业"价值地图"的四条主线**

投资机会就是价值所在!有专家指出:未来5年至10年,我国TMT行业的价值趋势,将围绕着以下四条主线进行。如表2—1所示。

表2—1　TMT行业"价值地图"的四条主线

主　线	价值分析
让生活变得更加智能	TMT创新将继续改善生活质量和效率,并将从"智能终端"主导的时代,跨入"智能世界"的时代,生活随时随处都与TMT相关。这一主线,衍生出云计算、大数据、物联网等诸多机会点。在"智能世界"中,物联网实现了全方位的数据收集,大数据技术实现了从数据中得到洞察,而云计算服务将提供高效的软硬件基础设施,三项创新技术的全面实用化和商业化将成为驱动变革的关键。

价值向"客户体验"创造者转移	价值将不断转移，尤其是从低差异化硬件向以软件、内容、服务为主的"客户体验"创造者转移。以手机为例，传统上运营商补贴是常见的模式，将来可能会逐步衍生出以内容服务补贴的模式（如亚马逊Kindle广告主提供补贴）。对那些缺少"集成客户体验"的硬件企业来说，生存变得"压力山大"。这一主线，将会催生出对终端设备不断创新和颠覆的尝试（新进入者、价格战等）、内容2.0（交互、定制、实时、现实感）、对集成用户体验的不断追求（硬件、软件、服务的捆绑，跨界、生态系统打造）、及对业务模式的纠结（封闭但优良的端到端体验 VS. 开放但可能失控的生态链）。
基础设施不断演进	新一代的基础设施，将在架构上（并不是总收入上）发生很大变化，带来产品和业务模式创新的要求。联入互联网的设备将持续保持50%以上的增速，并在几年之内超过全世界人口数量的总和，数据流量增长也将继续保持每两年翻一番的速度，摩尔定律（旨在揭示信息技术进步的速度）将继续提升基础设施的容量和能力，并导致收入增长仅保持在个位数的水平。然而这些需求的增长，将大量来自移动终端、网下的传统终端连入互联网（如机器设备、楼宇的智能化等），并受到前两个主线的影响而对架构提出新的要求（如提高利用率、进一步提供海量、高质、快速的数据的存储、计算、传输等），因此某些细分领域将会增长更快（如云化、软件定义、融合架构等）。传统IT领域的巨头如Cisco、IBM、HP、DELL等公司，均已明显受到冲击，并在积极寻求转型，以走出连续多个季度亏损或低于市场盈利预期的困境。
传统行业会更快TMT化	各行各业均存在"系统低效"，据估算，低效活动在各行业经济价值的占比可能高达15%至45%。在未来的TMT创新中，将进一步帮助行业提高经济效益。提升空间较大的行业包括了第一梯队的医疗、建筑与交通、政府、及教育这几个行业，及第二梯队的能源、金融、物流、"低科技"制造等行业。这些领域将催生出诸多"智能化"机会（如智能电网、智能家居、智能汽车、智慧城市）、新的IT服务需求、和更加严格的信息安全和知识产权保护制度。同时，趋势4也会进一步加强其他几个趋势的发展。

TMT行业快速的发展与变革既是挑战，更是机会。企业若要在下一个阶段取得成功，必须在变化面前成为主动的"前瞻者"而非滞后的"适应者"。

● 四条主线下的TMT价值地图变化

在上述四大主要趋势的影响下，未来的TMT价值地图会发生何种变化？让我们畅想一下：

收入仍会保持较快增长，预计到 2020 年，TMT 行业的主要企业的全球收入将会增加至 11 万亿美元（相对于 2014 年每年复合增长率为 9%）。但各个子行业的未来将截然不同，会表现出各种不同的商业形态。如表 2—2 所示。

表 2—2　TMT 行业各个子行业未来不同的商业形态

序号	内　容
1	内容/互联网服务行业将快速增长，TMT 行业收入占比从现在的 9% 预计未来将大幅提升，利润率也将有较显著的改善。行业增长的主要推动因素将是从终端设备到集成用户体验的价值转移。
2	传统行业 TMT 化相关的行业在收入占比与利润率方面也将保持稳中有升的良好发展趋势。在该行业中的创新先行者主要集中在四块：智能电网、智能汽车、智能家居/空间以及智能医疗。
3	基础设施行业虽然现在占 TMT 行业收入的比例较小，仅为 4%，但随着终端设备数量和数据流量的指数级增长，TMT 基础设施的需求量也会快速提升。预计未来收入将快速增长，利润率保持稳定。主要需求点包括服务器、存储系统、企业网络以及服务提供商设备等。
4	传统的软件/IT 服务行业将是未来受变革冲击最大的行业，收入占整体 TMT 行业收入比例预计未来将大幅缩小。由于软件、内容与服务在云端集成的趋势，本地软件包及 IT 服务系统等单独销售模式的边缘化趋势，使得传统软件开发、交付和销售模式进行革新成为必然。
5	运营商服务行业预计未来也将承受收入和利润率的双重压力，尤其是利润率在传统业务（语音、短信等）需求减少和缺乏创新的背景下，已经出现明显下滑的趋势。而四条主线"基础设施不断演进"中提到的新一代的基础设施的需求，将同时给运营商带来投资压力和通过新的业务模式变现的压力，未来不容乐观。
6	终端设备行业预计未来也将面临收入和利润率的下滑。尤其是利润率随着加剧的市场竞争和逐渐降低的技术门槛会有显著缩水。价值从终端设备向集成的用户体验转移将是行业的大趋势，此外从"智能终端"向"智能世界"的跨越意味着终端设备日用品化。
7	包括系统集成电路、显示屏和内存等的半导体及组件行业也将受到下游终端设备的黯淡增长前景影响，未来收入在 TMT 行业内占比预计未来有一定下滑。

畅想之后不难发现，在趋势带动下，TMT行业的价值地图将会迎来快速而巨大的变化。面对这样的变化，企业有必要采取"情景规划"的方法来应对未来变化。情景战略规划方法是对传统战略制定方法的有效补充和强化，其核心思想是在管理层建立事实数据基础和趋势判断的过程中，对不确定性下各种可能的情景做出充分的识别，并进行相应的战略准备。

情景规划最早被应用于军事规划中，作为企业战略管理工具第一次为世人所重视则源于壳牌公司对1973年石油危机的成功应对。

20世纪70年代初，情景规划的首要议题是油价，最重要的考虑因素是供需关系。"壳牌情景规划之父"皮埃尔·瓦克认为，只要控制了原油储量，就能最终决定实际产量。1972年，在皮埃尔·瓦克的领导下，情景规划团队围绕"经济增长、石油供给和石油价格"首次提交了6个情景，其中之一就是"危机情景"，设想：一旦西方石油公司失去对世界石油供给的控制，将会发生什么，需要制定怎样的应对措施。之后，壳牌在40多年的情景规划应用历史中，围绕地缘政治、经济发展、科技进步、社会文化、能源与环境等主题进行了多次情景构建，多次成功应对危机与挑战。

情景规划在壳牌的成功应用主要在于三个因素：

1. 领导高度重视，将"情景规划"作为公司重要的战略管理工具。壳牌认为，情景规划的目的并不是预测未来，而是让决策者在考虑未来事务时能够深入地理解关键驱动因素与不确定性，少些片面性认识。在壳牌看来，情景的设定一般都需要数月甚至数年，最终都能形成一个易于记忆、逻辑性强的故事情节。多年来，随着形势的不断变化，壳牌不断推陈出新，预见设定新的情景，努力为公司战略和业务发展提供服务。在发展新型业务、合资和进入新市场的过程中，壳牌会跟关键利益相关方进行充分交流，共同完成有针对性的（区域、业务）情景规划，保证业务的顺利发展。

2. 在组织内部充分建立"情景化思维"。情景规划的特点在于：系统思考、激发想象、符合逻辑。在思考问题时，只有突破固有的思维界限，才能设定出鲜活的情景。"壳牌情景规划之父"皮埃尔·瓦克曾说："我们要设定一些未来情景，使管理者对自己常规心智模式或判断产生质疑，并在必要的时候改变它。"情景规划告诉我们：（1）拥有健全的战略，可以降低管理工作的复杂性。（2）讨论战略是管理工作中固有的一部分。目前，壳牌从高层管理者到普通员工都会充分利用情景化思维，虽然应对措施都是针对假定情景制定的，但都非常严肃、严谨。员工都会认真准备，一旦出现设定情景，就能立刻执行应对预案。

3. 情景规划团队不断改进的科学研究方法。（1）壳牌最早启动情景规划是为了取代常规规划方法 UPM，克服定量模型工具存在的固有缺陷，引入更多的商业直觉与判断。在发展过程中，壳牌再次将数据与模型引入情景规划，将定性与定量结合起来，提高了情景的内部一致性与系统性。（2）团队曾关注全球大格局，忽略了对能源行业特别是壳牌自身的关注，后来团队加强了对公司管理层的访谈，大大提高了工作的针对性，能真正服务于壳牌战略。（3）壳牌建立了开放的工作模式，在情景规划过程中，与学术界、业界专家、政府和非政府组织建立了密切的合作关系。

从壳牌的实践不难发现，领导高度重视，坚持将"情景规划"作为公司重要的战略管理工具,在组织内部充分建立"情景化思维"以及情景规划团队不断改进的科学研究方法是壳牌情景规划得以成功应用的重要因素。实践说明情景规划是一项有价值的战略规划工具,值得认真学习借鉴情景规划作为一项战略管理工具,为壳牌的发展赢得了先机,已经成为壳牌全球经营的利器。

把视线收回到国内。对我国代表了新兴生产力的 TMT 产业来说,还无法做到完全准确地预测未来,但依然能了解未来可能的情景,做好预案,及时对影响情景走向的不确定性因素做好监控,形成快速的反应能力和超前的战略布局。

在具体的操作方法上,情景战略规划方法有四个主要步骤,依次分别是:不确定识别、情景生成和解读、多情景的战略预案与资源储备,以及情景战略跟踪评估。如表 2—3 所示。

表 2—3　情景战略规划的四个步骤

事　项	含　义
不确定识别	在不确定识别中,企业首先需要掌握全方位的变革事实基础,包括宏观环境、消费者行为、上下游及竞争者的动态及技术创新成果等。在众多事实的基础上,总结出行业中总体的趋势,例如消费者更偏好整合的"用户体验"方案而非单独的软件或硬件。
情景生成和解读	在情景生成和解读中,企业需要将各个趋势归结在几个主线之下,并在每个主线得到实现的假设下刻画出相应的情景。主线应是推动其下各个趋势的关键要素,例如上述的四大主线。企业必须能够清晰刻画每个主线对应的情景,其中包括发生的可能性及情景对本企业的直接战略影响。
多情景的战略预案与资源储备	在这一步中,企业需要对各个情景制定对应的战略方案,包括促进产业向最理想的情景发展,在最可能发生的情景中制胜以及防范最不利情景带来的冲击等战略。

情景战略跟踪评估	在最后一步的情景战略跟踪评估中，企业应当根据变革的发展与战略落地的情况及时进行战略调整和更新，以保证企业能够从容应对行业中最新的变革动态。

改变，是 TMT 行业的唯一出路。中国 TMT 行业在投资界中占比最高，未来的竞争必然会呈现白热化态势；对技术、人才和热钱的博弈激烈，也会成为各 TMT 行业扩张路上必须面对的问题。企业只有掌握恰当的战略方法、深入准确的行业洞察和强大的战略执行力，才能创造出美好的未来。

TMT 行业投资逻辑：找出产业链，确立公司框架

一个真正好的模式和创新，可以让企业获得超额收益。这是 TMT 行业的投资逻辑。如何才能有好的模式和创新？首先要研究行业，找出产业链，然后确立以团队、行业、运营为三大支柱的基本框架。

先来看看云账房在这方面是怎么做的。

云账房以"用科技重塑财税未来"为使命，充分运用互联网技术、人工智能和财税行业经验，为企业提供智能化、自动化的财税解决方案，帮企业大幅降低财税成本，提升效率，有助于各企业、财务公司实现向智能财税的升级转型。产品发布 8 个月，在云账房平台上就聚集了 500 多家财税服务机构和近 10 万个企业账套，客户遍布上海、南京、杭州、常州等地，用户增长极快。2016 年 5 月 6 日，"云账房"完成 A 轮融资，融资千万人民币，中路资本领投、AA 投资跟投。那么，云账房是如何操作的呢？

首先，看趋势。云账房是给代理记账公司提供软件的，市场很小，但云账房发现，"营改增"趋势已经到来，电子发票逐渐推行，前端录入进入电子化和智能化的时代。

其次，云账房不是单纯的做财务，而是实现了财务和报税的一体化。另外，各地方税务局的网站打开速度快慢不同，财务数据一个个录入，出错率很高，税种核算也很复杂，云账房提供了一套完整的解决方案，使U盾的认证、数据的录入变得成自动化、连续化和智能化，节省众多人力成本。

第三，云账房发现海外有很多成熟的对标企业。比如，Intuit公司是SaaS化财税记账软件，H&RBlock是一家代理记账公司。前者市值为360亿美金，后者是55亿美金，两家都盈利。中国也有很多互联网记账公司，但无法做大。可是，如果作为一个工具输出，各代账公司就可能使用这个软件工具。

传统的财税服务公司一定要转型，而且要选择，要顺势创新。财税服务公司有存量优势、行业标准的优势和公信力的优势。顺势创新说到底就是集成创新，再集成再创新。云账房选的就是这条路。

● 研究行业，找出产业链

阳光底下没有新鲜事，任何行业的研究都要先找产业链，这是研究的基础。这里有个简单的例子：

2016年腾讯的收入是1540亿元，4万名员工，人均创收375万；中国农业总产值是6万亿元，农民为2.8亿元，人均创收只有2.14万元。可以说，一个腾讯员工的产值相当于100多个农民。

农业是资本和土地密集型行业，生产要素包括：土地、种子、化肥、人力和必要的农业机械，其生产要素投入与产出之间呈现线性关系。而互联网的本质是流量，不会受到不动产和人力投入的影响；而且，随着规模化的运行，边际成本大大降低，投入产出之间呈现非线性关系，毛利非常高。那么，该如何看待这种趋势？首先，从0到1的增量市场远好于改造趋于饱和的存量市场，因为今天的小市场可能成为下一个垄断市场；其次，对市场的分歧永远存在，越有争议的项目，越值得关注；再次，解放不可控的劳动力、提升行业效率是企业服务不断追求的目标；最后，基础网络和云计算已经发展成熟，物联网是下一个热潮。这就告诉我们，万亿市场不是唯一标准，百亿市场里也会出现垄断企业。

看准了趋势，就要主动寻找潜在市场，具体来说：一是要关注新技术和模式的创新，二要寻找适合中国本土的发展之路，并预测未来3～5年行业的市场空间。在这方面，有三个样本可供研究：海外的创新模式及上市公司，代表着未来的前进方向；国内的上市公司，代表着该行业的龙头和行业过去的历史；上市公司年报及券商的研究报告，能得到很多重要信息。

2009年出版的《跨越鸿沟》被定义为颠覆性产品营销圣经，现在依然对企业发展有着指导意义。此书给读者介绍了一个鸿沟理论，将客户分为五级：创新者、早期采用者、早期大众、晚期大众、落后者。分别对应技术狂热者、远见家、实用主义者、保守主义者、怀疑论者。该理论强调，在早期采用者和早期大众之间有个比较大的鸿沟，早期采用者是远见家，看得远，站的高，能够想到新科技产品带来的巨大影响，但人数非常少，无法直接跟早期大众交互，跟实用主义者并不协调。而实用主义者，接受一个新高科技产品，会考虑它的实际价值。因此可见，这两类人差异比较大，很多东西在远见家眼里前景光明，但在实用主义者眼里却无法落地。对于一款新产品来说，只有解决掉实用的问题，才能跨越鸿沟。初创企业是无法跨越这个鸿沟的，必须先跨越这个阶段。如何定位企业所处的生命周期，是投资机构首先要解决的问题。

鸿沟理论应用到行业研究，要抓住三个基本方向：一是项目所处的生命周期；二是潜在市场容量及所占份额，这是"知己"的过程；三是项目上下游产业链和竞争对手，这是"知彼"的过程。

行业应该是从下游看上游的，整个产业的逻辑是下游控制上游，必须考虑清楚该行业的下游发生了什么状况、在想什么，然后才能决定上游行业。比如：在互联网产业链中，上游是原材料供应商、中间服务商，比如：分销商、代工厂；下游是渠道商和品牌商，比如：阿里巴巴和小米；最后，再流转到终端企业和消费者，也就是市场的最后贡献者。研究任何行业，都会跑出这个产业链。

再如，个人消费级市场的投资。首先，互联网平台和连锁品牌在不同的细分市场博弈，最终的胜出取决于行业特点和企业对服务环节的掌控；其次，流量永远是关键，但流量不等于需求，持续烧钱，无法解决用户的真正需求；最后，项目的模式决定着最终壁垒的建立，如果模式固定，资本助推就会成为常态，最后演变成资本的博弈。

再如，企业级服务领域，可以分为前台业务、中间业务和底层技术，这三个维度也是一个产业链。也就是说，企业级服务领域按照这一维度来划分，可以形成一条产业链。对于企业来讲，单点突破非常重要，切入点的选择决定着企业间的差距。对于企业级 IT 服务的投资，首先，CEO 最好是销售高管或者项目经理，过分强调理论技术会让企业失去方向；其次，企业级方向创业偏重于服务而不是产品，决策更理性，信息传导是类金字塔结构，而非偏平化。因此，对企业和服务来讲跨界是很危险的；再次，帮企业赚钱比帮企业节省成本更容易从市场切入，业务也更容易开展。

● **好模式让企业获得超额收益**

通过研究行业找出产业链后，就要确立公司的基本框架。公司的基本框架有三大支柱：团队、行业、运营。

对团队的判断，有两类人最值得关注：一类是行业内出来的带有个人光环的创业者；另一类是出身"相对"草根，但具有极强的煽动性和感染力的人。如果创业者自身不够强大，后续是很难找到合适的人才的。

在行业判断方面，首先市场容量要足够大，不是泛泛的千亿市场，关键要看行业容量转换成企业净收入的能力；其次，好玩的项目是新奇美好的，但在落地或推进的时候会遇到很多障碍，具有争议性。需要注意的有三点：（1）好项目一般都领先于政策发展，大多会被视为行业政策擦边球；（2）好项目都能带来行业效率或消费者效用的显著提升，效率不到 30%、毛利低于 50%，都不是好的创业方向；（3）对于自身没有效用提高、逻辑上"天衣无缝"，这类项目坚决不投。例如，锁屏广告应用、插件推荐应用、预充值资金沉淀类项目。

在公司运营层面，创业企业的盈利模式如果只赚取行业平均利润，说明企业还没有建立核心壁垒，真正好的模式和创新都能让企业获得超额收益。

项目越好，越要用更多的机器来代替活人，因为人的因素不可控、非标，且成本逐年上升，典型的失败案例就是拉手。退而求其次的商业模式是，由于中国劳动成本比较低，要将人当做机器使用，比如：顺丰、京东。此外，创始人的工资一定要有限制。

天星资本：重点下注新三板 TMT 领域

天星资本（以下简称"天星"）是新三板最大的股权投资机构之一，一直将 TMT 领域作为投资重心之一，重点下注。2015 年，追随着新三板的脚步，天星资本霸气外露，它的成绩单和计划书惊为天人：2015 年投资超过 400 家新三板公司。天星在北京的办公室里，一块液晶屏滚动播放着 8 个专注于新三板的投资团队的战报。2015 年 6 月的第二个星期内，天星共投资了 33 家企业。至 2016 年 11 月 9 日，天星投资的 TMT 项目已逾百家，"领信股份"、"奥图科技"、"客如云"、"敬众科技"等行业内优质企业的发展过程中都有天星的资本助力。天星 TMT 投资团队表示将持续不断助力 TMT 行业创新型中小企业发展。

● 天星资本的"地毯式轰炸"

天星将自己投资的新三板公司分为两类。对投资机构来说，挂牌意味着账面上的浮盈，做市意味着溢价和退出。天星将这类有关退出机会的政策红利研究得很透，面对符合自己要求的 A 类或 B 类公司，会进行"地毯式轰炸"。

A 类是已经在新三板挂牌的公司。主要分为 4 个层次：A1，挂牌还未做市；

A2，确定做市并定好券商，天星和券商同时、同等价格进去；A3，已经做市，但又想冲击竞价交易，需要增加做市商的数量，天星得到折扣并与新的券商一起进去；A4，经历过做市，休整一段时间为下次做市做准备，但又着急发展，需要提前融资。

B类公司是拟挂牌新三板企业。所处阶段各异。基于公司的真正目标——把新三板上最好的15%~20%的公司全都投掉，整个投资团队同时兼任市场分析，先把符合要求的公司筛选一遍，砍掉行业竞争格局不好、概念没有吸引力、成长性不行的公司；剩下的公司跟同业的A股或新三板公司做比较，看看是否在行业有竞争力，淘汰掉一部分。这时，只剩下30%的公司，天星团队会逐一尽调。除此之外，已经报材料到股转系统的公司资料是公开的，也会进入天星的雷达区；与券商签过协议、正在辅导股改的公司，不会被错过。

天星设立了针对TMT和医疗的专项投资组，当然，标的还是新三板。除此之外，天星还建立了一个互联网生态综合金融服务系统，包括：商业银行、保险、信托、券商、期货等，跟北京银行联合创建的银行已经挂牌，发起设立的两家保险公司也会在不久的将来拿到牌照，期货公司即将谈妥，公募基金准备上报……左手是金融全牌照，右手是一大批企业主，天星坚信自己一定能够成为一家为这些高净值人群提供B2B服务的"互联网+"创投公司。

未来，天星在TMT领域会继续坚持优中选优，投资标志性企业，通过对接产业资源，协助企业增强内部竞争优势，加速向外扩张发展。

●天星资本的风控创新：理念先行，体系制胜

一直以来，天星都坚持价值投资的本源，其风控理念同样源于对投资价值和投资风险的科学评估和审慎把控。结合高成长性企业的特点，天星在实践中建立了紧密贴合业务的多维度风险评估体系，制定了定性定量相结合的综合风险评价标准。

企业风险分为六个维度：行业风险整体衡量是否具备企业成长的空间和基础；行业地位和竞争力评估企业能否维持或逐步取得竞争优势；业务和经营风险通过客户、供应商、团队等，综合评估企业能否持续稳定经营；盈利能力和成长性风险关注于核心投资价值来源能否可靠实现；财务风险审慎评估企业财务数据是否真实反映，企业是否具有经营能力并健康发展；法律风险和公司治理风险建立负面清单，坚持底线思维……天星对每类风险进行分类计量，分级评价，参考风险源的关联和叠加，得出科学的风险评估结果，为投资决策提供坚实基础。当然，天星的风控不是孤立存在的，而是一个系统性工程，横向覆盖前、中、后台职能，纵向覆盖事前、事中、事后阶段，能够合理把控投资风险，实现投资的严谨高效。

天星建立了三级分控体系，从项目筛选、立项、尽调，到风控，再到投决会，各级高效衔接，层层筛选，每个项目审慎论证，优中选优。天星的风控还在于"体系制胜"，除了三级分控体系，还有分层分类管理和全程风控管控。

所谓"分层分类管理"是指，根据股权投资项目在不同阶段的风险特征，有针对性地进行风险识别和评估，通过风险特征指导尽职调查工作，真正做

到风控和效率同时兼顾。而"全程风险管控"则是，以投资业务的起点为例，以研究为基础，从宏观经济、市场制度、行业发展等方面全方位为投资工作提供专业支撑，从源头上把控投资风险，进一步聚焦于具有发展潜力的细分领域，精确定位，提升效率。

天星不仅设定了明确的风控理念和风控管理体系，还建立了强有力的风控团队。天星高度重视风控团队建设，人员都具有学科背景、实战经验丰富，具有专业突出、全面互补的特点；主要团队成员具有多年财务、法律、投资、风险管理从业经验，多数具有注册会计师、律师资格等，专业能力强，执业经验丰富。

天星引入了大批年轻人，其中大量是"85后"，主管合伙人何沛钊就生于1989年。同时，天星只招收清华或北大和海外名校硕士以上的人才，薪水稍高于行业平均水平。此外，天星还开发了一个项目报备系统，既能避免重复，又会留下死角。每个部门都有自己的打法，有的较稳，有的激进，每个部门都是一家独立VC，各打一片江山。

新三板是服务于创业创新企业的市场，也是一个快速发展、日新月异的市场，各投资机构处在一个创新的市场中，应继续坚守价值投资本质，科学管控投资风险，顺应发展创新机制，伴随着新三板不断前进。天星无疑为行业提供了一个学习借鉴的样本。

第三章 新常态下的大消费：
一个竞争非常激烈的领域

新常态下的大消费，其升级的本质是需求拉动。大消费时代，资本结构正在发生裂变，未来十年，终端消费行业也将迎来巨大的变迁。大消费领域前景广阔，资本如何深度把握居民消费升级趋势，以及在各自的企业背景下如何布局大消费领域？这不仅要洞察行业特点和趋势，更需要耐心和毅力。

大消费来袭，资本结构发生裂变

消费升级已经不是一个新鲜的话题，每个人都可能有各自的理解。大消费领域这个概念貌似是新生儿，其实它就在我们身边：房地产、汽车、百货零售、商业连锁、酒饮料、餐饮、医药和旅游等等，这些行业都属于大消费领域。就目前整个中国的经济转型现状来看，消费升级不断表现出各种不同的现象和趋势，这些其实对投资者来说是非常好的投资机会。在经济增速缓慢下滑期，居民的消费刚性和消费升级为消费行业发展提供了空间，大消费行业就在这种背景下悄然崛起。

● **创新、创意、创造是引爆大消费的导火索**

最近三五年，得益于人们消费观念和生活方式的显著变化，居民消费升级快速推进，主要表现为人们对生活品质、休闲娱乐和身心健康的愈发看重。种种迹象表明，我国正迎来居民消费升级的大时代。综合来看，无论是出行、客厅、厨卫、采暖、服饰美妆还是餐饮零食，方方面面都体现出我国的居民消费正提档升级。那么，大消费缘何崛起？创新、创意、创造这"三创"是引爆大消费的导火索。如表3—1所示。

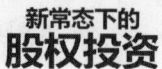

表 3—1 创新、创意、创造是引爆大消费的导火索

三 创	分 析	案 例
创 新	创新释放消费潜能。产品创新、服务创新、商业模式创新等催生了新需求。在我们身边，新产品应接不暇。	以可穿戴的智能健身设备为例，很多腕带或腕表能够读取心率、睡眠、运动和卡路里燃烧等数据，并能上传后与亲友共享。这种新产品推出后，赢得了不少"粉丝"青睐。再如，跨境电子商务的商业模式创新也引爆了新的消费热点。
创 意	创意释放消费潜能。文化创意与制造业嫁接，大大提升了产品附加值，产生了新的消费热点。	不少网友爱上了故宫博物院推出的文化创意产品，戴上让人"感觉像在批奏折"的朝珠耳机、写有"朕就是这样汉子"折扇、顶戴花翎官帽防晒伞等创意产品让古老的故宫焕发青春，"卖萌"的创意产品拉近了与百姓的距离。
创 造	创造释放消费潜能。信息消费、养老消费、健康消费、文化消费等，都像一个个尚未打开的宝盒，蕴含着巨大商机。	消费是可以创造的，苹果手机问世之前，大家很难想象手机会有这么多功能。乔布斯创造的消费至今还让"果粉"心甘情愿排队掏腰包。我国消费数额巨大，但分析结构就会发现，吃饭开销位列第一，位居第二的是玩，第三是服务。

可以预判的是，随着我国城乡居民收入不断提升、社保体系不断完善，百姓消费的意愿将不断增强。随着以"80后"、"90后"为主的一代年轻人成长为新的消费主体，我国消费将由生存型向发展型消费升级、由物质型向服务型消费升级、由传统向新型消费升级，消费占 GDP 比重上升的态势还将持续。消费升级会传导到制造，从供给侧改革入手，抓住"互联网+"的机遇，消费升级与产业升级就会同步，我国消费将释放更大潜能。

● 资本市场因消费升级发生结构裂变

居民消费升级的快速崛起，让我国经济发展动力发生了显著转换，正逐步由投资驱动向消费驱动转变，消费成为经济平稳增长新引擎。国家统计局公布的数据显示，2016 年消费对 GDP 增长贡献率为 64.6%，2017 年一季度为77.2%，拉动经济增长5.3%。

股市是经济的"晴雨表"，经济增长动力的转变，资本市场已有较好的反应——股市结构正发生明显的变迁。突出的表现是，传统行业如能源、化工、煤炭等逐渐走弱，行业市值占A股总市值的比重快速下降，而消费升级产业、信息科技产业成为发展新趋势，行业市值占A股总市值的比重显著提升。

上海万得信息技术股份有限公司（下称"Wind资讯"）是中国领先的金融数据、信息和软件服务企业，其数据显示，2007年年末至2016年年末，能源板块股占A股总市值的比例由25%降至6%，而消费类概念股市值占比由8.5%上升到18%。一升一降，反映出了经济动力转变在资本市场的反应趋势。具体到消费升级概念板块，众多细分领域股价走势优异，Wind资讯数据显示，2016年年初至今，食品饮料板块跑赢申万A指约23%，领先其他行业；此之，汽车、家用电器也表现不俗。

1. 食品饮料行业。

食品饮料行业最为明显的代表是白酒。白酒销售量持续稳步增长，2016全年销量为1302万吨，同比增长2.3%。受益于销量的增长，贵州茅台股价强劲增长。数据显示，2001年8月贵州茅台上市发行价为31.39元，如果以"后复权"计算，最新价为3183.55元，增幅高达101.42倍；而同期上证综指累计涨幅仅为70%。即使八项规定出台对茅台销量影响较大，53度飞天茅台市场售价一度由最高2100元跌至800多元。可是，从去年年底以来，茅台又强势回归，春节期间的售价回升到1600多元。销量和售价的回归，根源于普通中产对茅台酒的消费快速增加，根源于居民对高端白酒、对品质白酒的偏好增强，而这也是居民消费升级的突出表现。

2. 家用电器行业。

家用电器行业，是个周期性很强的一个行业，也是消费升级表现突出的行业。20世纪90年代，受益于经济增长和居民收入增长，彩电、冰箱、洗衣机等步入黄金发展期，销量大大攀升；但2000年之后，市场快速走向萧条，众多家电生产商纷纷陷入亏损泥潭；但最近几年，家用电器行业又表现强势起来，2016年家用电器竟成为盈利能力最强行业。这种变化也给零售企业带来了发展机遇。

过去一年，苏宁易购线上线下手机、厨电、小家电等销量激增，交易最为活跃，在众多品类板块中表现最为良好。当然，这也是居民消费升级的结果——家用电器正从满足生活需要向提升生活品质转变，消费者不仅追求好用，更追求美观、健康、节能、艺术性强的家用电器。

这种偏好的改变，使得厨房电器、小家电销量迅速放大，并由此诞生出如美的、格力等优质家用电器生产商。数据显示，2016年年初至今，格力、美的股价增幅分别为91.59%、77.19%，成为A股中名副其实的"白马股"。

3. 汽车行业。

汽车行业的消费升级，主要表现在：（1）从无到有的升级（三四线城市及农村地区），使得千人平均汽车保有量由2006年的38辆提升到125辆；（2）从低端到高端、到高性价比的二次购买升级（一二线城市）。汽车行业的这种消费升级变化,给国内核心汽车厂商带来了市场机遇,长城汽车、上汽、广汽等公司的股价趋势性走高。数据显示,自2012年3月末至今,长城汽车、上汽集团、广汽集团股价涨幅分别高达202%、149%、247%,而同期上证综指涨幅仅为37%。

4. 商业银行业。

商业银行业也是服务居民消费的一个重要行业。从资本市场的实际反映来看,注重民生业务的银行股价走势更好,受到资本市场的青睐。综合比较浦发、民生、招商、兴业、中信等5家总资产规模相近的商业银行,主打服务个人消费者、服务居民消费升级的招行,股价走势最为良好,市值一枝独秀。

截至2017年5月19日,招行总市值高达5105亿元,其他4家市值均在3000亿元左右徘徊。即使是总资产规模高于招行2000多亿元的交行,市值也只有4100多亿元,远低于招行。总资产规模相同,利润相差不大,但是市值差异巨大,反映出的是结构和商业模式上的差异,一个是代表未来的模式,一个是代表过去的模式。不可否认,投资者和资本市场更加看好代表未来模式的银行。

5. 旅游行业。

旅游行业也是消费升级的重点。随着收入的提升,居民更加倾向于进行休闲娱乐,旅游逐渐成为必需品。数据显示,2016年,我国境内旅游人数达46亿人,且最近十年人数增速均维持在10%以上;出境游人数1.22亿人,蝉联全球出境旅游人次的"世界冠军"。受益于旅游的消费升级,资本市场旅游概念股长期投资价值凸显。数据显示，2009年10月末至今，中国国旅股价增幅高达262%，而同期上证综指涨幅仅为3%。

综上所述，居民消费升级所带来的种种变化，资本市场已做出了初步反应，未来这种反应趋势还会持续下去，带来更多的结构性投资机会。资本市场的这种结构性变化，反映出我国经济结构的变化。如今，新经济艰难崛起，新经济新产业正逐步成为国家主导产业。比如，截止2017年底全球上市公司市值高达3000亿美元的阿里、腾讯，过去代表的是一种未来的互联网概念，但如今这些公司已经有了实实在在的利润支撑，新经济逐步展现出巨大的威力。

消费升级时代的未来十年投资趋势

从 10 年以上的视角审视过去,哪个行业更容易出现"长跑冠军"?消费品。如果以 10 年以上的视角展望未来,哪个行业获胜的概率更高?答案依然是消费品。机构投资者认为,中国拥有超过 13 亿的人口规模,提供了巨大的消费规模和深厚的消费多样性基础。下一个 30 年,消费需求必然会成为增长的原动力。在消费升级的背景下,终端消费行业也将迎来巨大的变迁,聪明的资本都会看到这一大趋势。

● **全球消费品孕育"长跑冠军"**

无论是代表成熟市场的美国,还是代表新兴市场的中国,消费品都是孕育"长跑冠军"的领域。

在 1957 年—2003 年 50 年间,美国市场涨幅最大的 20 只牛股名单,有 11 只是消费股。其中,2 只是日化股,另外 9 只来自于食品饮料,例如,众人熟悉的可口可乐、百事可乐、亨氏、箭牌等。美国,很多消费公司历史悠久,长时间的资金投入和品牌建设为企业建立了较深的护城河,不仅能让行业扩容扩张,在行业低速增长的时候也能凭借强大的品牌和规模优势抢占市场份额，实现业绩持续性增长。

美国消费品企业最大的特点是，善于进行兼并收购和国际扩张，能够利用自身的品牌力拉动被收购企业的快速增长，进一步扩大规模效应和品牌影响力，享受更强的定价权，享受经济全球化的红利，扩大国内和全球市场的份额，维持稳定的业绩增长。其实，这样的发展路径，也体现在中国的A股消费股龙头上。

中国A股市场在2002年7月至2017年7月的这15年中，投资回报率最高的20只股票里，6只为消费股，其中1只家电股，5只食品饮料股。如果过去15年长期坚定持有格力电器，那么你的年化收益率将高达惊人的35.77%。如果长期坚定持有贵州茅台，那么你的年化收益率也将高达34.99%。此外，同期乳业巨头伊利股份的年化收益率为24.74%，泸州老窖、双汇发展、五粮液等的年化收益率分别达到了24.74%、23.61%和20.72%。

消费行业的公司为何能够实现穿越周期的增长？主要原因有三个：

（1）消费品行业本身受外来技术冲击较小，集中度可以维持长期上升趋势，容易形成寡头垄断或垄断竞争格局。

（2）消费品龙头企业经过长期经营和资金投入，能形成较强的品牌壁垒和规模优势，获得行业垄断地位，属于品牌垄断或由品牌延伸出来的文化垄断，垄断地位更稳定，因此消费品龙头的护城河较其他行业龙头更宽、更深，更有利于抵御新进入者的挑战，使竞争优势持续时间更长。

（3）形成较优的竞争格局后，行业龙头能够凭借自己的垄断地位掌握定价权，还能借助规模优势降低费用投放率，实现盈利能力的长期稳定或提升,推动股价的不断抬升,从而长期战胜市场。

● 重仓消费基金持续领跑

"嗅觉"灵敏的资金都在重仓布局消费股。2017年以来,重仓消费股的基金业绩表现相当亮眼,持续领跑。据东方财富Choice数据统计,截至2017年10月25日,有17只消费主题基金涨幅超过30%。其中,易方达消费行业基金净值涨幅超过了52%,汇添富中证主要消费ETF、嘉实新消费、消费增长、汇添富消费行业等基金涨幅均超过40%。

表现优异的易方达消费行业,基金三季度的最新投资动向颇有看点。基金经理对一线白酒进行了减持,加仓了二三线白酒,其实市场的表现也是从一线品种向二线品种扩散开始的。该基金不仅大幅度增加了基本消费品的配置,还逆周期配置了一定比例的养殖业龙头股。具体来说,上述基金减仓了贵州茅台、五粮液,加仓了泸州老窖、口子窖等;同时,减持了美的集团和格力电器,加仓了伊利股份、索菲亚和牧原股份等。

南方新兴消费增长的基金经理在最新披露的基金三季报中表示,以消费中的家电、白酒等龙头为代表的一线蓝筹估值已经较高,市场行情可能向消费板块中的滞涨股票扩展,拉平整个板块的估值。

嘉实新消费的基金经理则进一步布局了优质传媒个股。其认为,经历了几年前的泡沫破裂后,传媒估值已经趋于合理,而精神产品消费是消费升级的主战场之一,目前还处于初期阶段,对应在投资上,会出现长期增长的优质个股。此外,三季度增加了优质汽车零部件企业的配置比例,加大了在食品饮料和零售领域的股票配置。食品饮料方面，主要买入受益于消费升级的定位高端的食品饮料个股。另外，在经济复苏背景下，具有较强可选消费属性的高端零售也值得重点关注。

值得注意的是，随着贵州茅台、格力电器、伊利股份等龙头股的股价迭创新高，这些龙头白马股的未来走向也会成为市场关注的焦点。

市场对消费龙头最大的担忧来源于抱团导致的持股过于集中，三季度基金重仓数据更加印证了这一担忧。不过，受益于消费升级，业绩还在不断提升，盈利改善；营收与净利润由非上市向上市公司集中。在上市公司层面，龙头白马公司营收占比显著提升，市场份额集中度提升，竞争优势突出。

此外，以格力电器、泸州老窖、贵州茅台和伊利股份等为代表的龙头的股东数作为观察对象，持股没有出现明显集中的趋势。这意味着，消费龙头的市场微观结构并没有明显恶化，消费龙头目前还存在微观结构改善的迹象，这种改善来源于新增的投资者结构的变化。

事实上，2017年以来的"漂亮50"不能以单纯的消费抱团现象进行解释。有两个重要的力量在影响市场的结构：（1）沪港通、深港通开通后，海外资金对A股的配置，背后的驱动力是美元向新兴市场权益资产的配置趋势；（2）国内非传统机构投资者的增加，尤其是伴随金融"去杠杆"的深入，资管行业从固收向"固收+"转变的趋势加速，权益资产优势更加明显。这两股力量，不仅引发了市场与以往截然不同的变化，还致使消费龙头微观结构依然处在良好交易结构中。

●消费升级"势不可逆"

消费升级的高峰期,必然孕育着许多投资机会。以美国的经验看,未来会从传统的消费品向服务消费转变。结合我国人口现状和城镇化进程以及房地产调控的长期思路,房地产行业的暴利时代已经逐渐远去,未来更容易发展做大的行业大概率出现在消费升级领域,这一点也契合了十九大提出的"美好生活"的内涵。

从逻辑上讲,只要人均GDP不断提升,消费升级就能持续下去。如今,"80后"、"90后"陆续走上工作岗位、有了财富积累,已经进入了消费能力的集中释放期,同时他们的消费观念也更加开放和积极。此外研究还表明,从消费总需求上来看,人口占比最高的部分正在由25～34岁转向35～44岁,甚至进一步转向45～54岁,可以释放出消费红利。

目前,"70后"人群依然是社会人口的中坚力量,10年内这批人群将逐渐步入45～54岁,成为"消费"的主力。根据生命周期的产出和消费理论曲线,60岁前后人口的消费就会开始大于产出。美、日的经验数据显示,45～54岁是人生中人均消费支出较高的阶段,消费支出比之前的年龄段都会有明显上升。

人口结构的变迁有望带来医疗保健、保险、高端教育、家庭服务、传媒、体育、娱乐、文化等方面的需求升级。不同年龄段的消费者消费特征不同,未来15年我国的医疗保健、保险、高端教育、家居相关、娱乐等服务都有望迎来较好的发展。

此外，随着流动人口开始回流至三四线城市，基金更加看好三四线城市的消费升级。一般来说，人口回流的原因主要有：政策支持农民工返乡创业、城镇医疗教育等基础设施日趋完善、一二线城市生活成本上升等。流动人口的回流，对当地消费形成了支撑；同时，也将消费习惯带回当地。三四线城市人口是一二线城市人口的一倍多，消费升级的体量足以驱动相关行业的新一轮增长。如今，三四线城市人口正在经历消费升级，落户的农村人口成了消费升级的主力；同时，户籍制度改革对农村非户籍人口落户的推动也会加速这个过程，这意味着，布局三四线城市的中低端品牌将成为较大受益者。

消费这个行业正在发生着像素级演变，每天都在蜕变，有很多新的东西不停地在更新，不管是投资者还是创业者，都被要求很快地适应新的变化。所谓"不管黑猫白猫，抓到老鼠就是好猫"，投资者和创业者要以一个非常务实的态度看待消费升级时代的未来10年投资趋势，包括以后可能发生的新技术，要以辩证的观点看它是否能和真正的商业模式进行整合。

大消费领域的投资逻辑：布局、领投、"少而精"

最近几年，投资界对大消费领域投资创业的痴迷，胜过初恋。那么，如此撩人的大消费领域，在投资者"买买买"背后创造数亿元价值，究竟运用了怎样的投资逻辑？

天图资本（以下简称"天图"）是国内较早从事股权投资的专业机构之一，现为中国投资协会常务理事单位及该协会创业投资专业委员会副会长单位、深圳创投公会副会长单位。

天图专注于投资品牌消费品企业（家庭及个人消费的产品与服务），直到目前，已经投资了凤凰医院、周黑鸭、甘其食包子、95081家政、慈铭体检、贝乐英语、德州扒鸡、八马茶业、饭扫光下饭菜、小西牛老酸奶、花印等50多家知名消费品企业，多数是所在细分行业的领导品牌。

通过对市场竞争和品牌经营的深度研究和理解，天图形成了以品牌为核心的独特投资体系，取得了优异的投资业绩，被誉为中国消费品投资专家。下面，我们就结合天图资本的具体做法来探讨以下大消费领域的投资逻辑问题。

● 发现商机，提前布局

强势品牌的最大来源就是开创并主导一个新品类，天图资本在投资时践行了这一理念，即发现商机后，先人一步，提前布局。

德州扒鸡、武汉周黑鸭、杭州甘其食包子、四川饭扫光下饭菜等不仅是地方强势单品，还有很大的品牌影响力，要么把实体门店开到了全国，要么把商品卖向全国乃至其他国家；同时，还具有一定的品牌议价能力，比如：周黑鸭，在 2010 年 11 月天图投资近 6000 万元。

除了有个好品牌，还要有经得起推敲的商业模式。这也是天图选择投资目标的一个重要标准。以生鲜零售行业的百果园为例，天图在投资之前已经和百果园的团队做了深入沟通，双方的发展方向达成了一致。

2015 年 9 月，百果园以 50 亿元估值进行了 4 亿元人民币的 A 轮融资，天图资本领投 3.5 亿元。2016 年，百果园以估值 60 亿元进行了 6 亿元人民币的 B 轮融资，中金前海等机构领投。天图认为未来水果销售的主场在线下，百果园具有两大优势：一是线下实体店布局体系，二是其成熟的商业模式，渗透到水果行业上游端生产的供应链。天图注入巨资，百果园迅速并购了北京果多美、长沙绿叶水果等地方品牌，同时拓展了线上渠道。

● 领投优秀项目

领投就是领先投资，不仅要在先期投资金额占极大比重，还要在相关事务处理上承担主导作用。天图在这方面也大有作为。比如，近年来，处在风口上的喜剧文化行业迅速吸引资本聚集，投资者纷纷布局，抢占团队，通过资本和产业的互补形成了领先优势。天图一直专注消费品投资,有着独特的差异化定位,在大众所熟知的各类消费领域,都能看到天图的身影。

天图非常看好笑果文化,不仅看好其在喜剧行业的深刻理解,更看重的其独特的产业思维方式。天图清楚地知道自己在做什么、不做什么,有着坚定的方向和目标。而将笑果的定位提升到文化产业消费公司,有着更广阔的市场可以开拓。如果把笑果文化定义为一家节目制作公司,以后顶多就是一个几十亿元的公司;如果把它定义成一个文化产业生态公司,效果则会大不相同。

笑果文化是喜剧文化产业的头部公司,开创了以美式喜剧为核心的文娱内容产业平台,其先后主导制作的《今晚80后脱口秀》《今夜百乐门》《吐槽大会》等头部产品,都受到了人们的喜爱和关注。对于投资者来说,这也是他们最关注的价值体系和市场未来。

二手回收都是个慢热市场,创业者融资比O2O等热门领域难得多。2015年,拿到融资的只有好收网、有得卖、爱回收。对爱回收,天图前期做了领投,后来又进行跟投。

2015年8月,由天图领投的爱回收C轮融资6000万美元。在本次融资过程中,京东集团、景林资本、晨兴资本与世界银行旗下风投机构IFC纷纷跟投。2016年12月,爱回收完成4亿元人民币D轮融资,由凯辉基金和达晨创投联合领投,天图资本、京东集团、晨兴资本、景林投资、前海母基金等都参与跟投,天图再次超额跟投。

● **投资独角兽项目要"少而精"**

"少而精"指的是专注投资消费品独角兽,投资项目要"少而精",不要撒胡椒面。单个项目投资比重较大,投资风格以"少而精"为主。

天图先后共管理了 8 只人民币基金和 1 只美元基金,管理总规模超过 100 亿元,累计投资 90 多个项目,覆盖大半个中国。比如,周黑鸭,天图累计投入共 8800 万元人民币,持有 1.83 亿股,2016 年 11 月 11 日上市。按照当前价格计算,价值 12.26 亿港元,收益多达 13 倍。

天图资本的这些案例,足以说明投资大消费领域的逻辑:发现商机后,先人一步,提前布局;确认为优秀项目后要大胆领投;对于消费品独角兽要专注投资,做到"少而精"。

青山资本：消费升级领域项目的投资逻辑

青山资本是一家早期风险投资公司，总部位于北京。从2015年下半年开始，青山资本在泛娱乐和消费升级领域多有投资。为什么要投资这些消费升级项目？青山资本有自己在消费升级领域项目的投资逻辑。

● 消费升级关键是选择品类

消费升级项目，关键在于选择升级的品类。青山资本曾有判断：消费升级项目之所以是创业公司的机会，一个核心前提是市场空间足够大。在消费升级之后，还有足够的空间进行延展，才具有高成长性的可能。

2016年6月29日，冰激凌品牌TOP Cream披露了他们的融资信息：完成百万元人民币的天使轮融资，投资方为青山资本。拿到青山资本投资后，TOPC ream在北京三里屯开设了一家45平方米的店铺，为客户提供高颜值冰激凌和个性化冰激凌定制服务。目前，TOP Cream已经有了自己的中央厨房，团队成员约有10人。未来，TOP Cream将通过城市合伙人的方式进行布点和其他城市拓展。在商超渠道方面，TOP Cream已经和北京13家华润Ole'精品超市实现了合作。在线上方面，跟大众点评、Enjoy等美食平台做线上导流。

冰激凌是个很适合做消费升级的品类：不仅市场潜力很大，还能将线上和线下结合起来，实现规模化。可以这样说，对于"吃"的品类，单纯的线上品牌越来越难突围，必须在线上线下全方位接触消费者。

● 团队年轻，背景好

项目的团队年轻、背景好，是青山资本坚持的原则。青山认为，天使投资就是投人，适合做创始人的人，必须具备好的背景、好的自驱能力和学习能力。

青山觉得，TOP Cream 创始人文豪"聪明、年轻、阳光"。在创业之前，文豪主要在国外从事金融方面的工作，回国后又做一些与创业相关的事情。为了做好冰激凌项目，他还专门到意大利学习了半年的冰激凌制作等；同样，TOP Cream 的另一位联合创始人也有过创业经历。所以，TOP Cream 的团队背景比较好、年轻、经验丰富、学习能力强。

青山认为，公司有三种机会：生态型公司、平台型公司和品牌型公司。在这三种创业机会中，生态型和平台型的机会已经非常少，新起的创业公司最有可能做的是"品牌型公司"。

● 青山资本的方法论

如何打造一个细分垂直领域的新消费品牌？青山资本和许多消费升级领域的被投企业一起探索，逐渐总结出一套方法论：

1. 找到品牌感觉，大胆玩起来。

做垂直领域的消费升级品牌，最开始最忌讳贪大求全，更需要聚焦、抢先、发掘出独特性，将产品做出差异化，变成细分领域的第一名。像冰激凌这种消费升级的品类属于一种轻决策、冲动型消费，消费频次比较高，季节性越来越不明显，符合年轻人用户群冲动型、爱吃、爱玩、追求个性化的特点。核心要义是大胆，会玩。用一句老话来说就是："年轻没有什么不可以。"

2. 重营销，更在乎产品品质。

青山资本认为：消费升级看起来是个营销驱动，其实是产品驱动。品牌的建立是产品和营销共同作用的结果，并不仅仅依赖于营销。所以，对于一个新晋品牌，营销能力可能处于优先位置；但产品能力上，对产品细节的把握、供应链管理等，还跟成熟的工业化品牌有些距离。初创公司要尽快补足产品上的缺课：一端是品牌，要会玩；一端是匠心，产品要有匠心，做好细节把控。

3. 不迷信"新"，重视"传统"。

在"消费升级创业项目线下体验店形成用户口碑，然后扩大用户口碑，再进商超渠道的方式进行规模化"的过程中，很多互联网品牌都想通过事件营销等以小博大，扩大影响力。这样做，虽然能取得一定的效果，但青山资本发现，任何互联网消费品牌都无法真正成为全民皆知的品牌。能够做大的品牌，营销上往往需要借助一些非常传统的方式，比如：线上线下重金砸地铁广告、机场广告和电视广告等；在渠道上，依赖线下的商超等传统的渠道能力。当然，这些传统的广告和渠道也需要重金投入。

第四章 新常态下的文体娱乐产业：投资的关注点

文体娱乐产业是一个国家"软实力"的典型代表，而在"新常态"下，文体娱乐产业又有哪些融资特点与投资机会？文体娱乐产业的早期投资一定是以"人"为核心的，看重创始人的个人素质和组织架构的能力。另一方面，由于文体娱乐产业从业者的艺术创作能力，有时会面临着枯竭或者短期的瓶颈，具有轮动性、不稳定性的特征，但是同时内容创造团队也具有震荡上扬的特征——有潜力的团队一定是逐渐向上发展的。

文体娱乐产业火爆背后的关键词

随着移动互联网的进一步发展和消费升级的转变，人们更加重视精神方面的消费，文体娱乐产业必然会带来大量投资机会；另外，中产阶级的迅速崛起以及需求更加偏向精神层面的特点，也为文体娱乐产业的发展带来了契机。

如今，资本大量涌入文体娱乐产业，使产业的发展速度越来越快，截止2017年上半年，北京依然处于文体娱乐产业股权投融资规模、数量第一的位置。据有关数字统计，北京文体娱乐产业股权投融资案例184起，涉及资金310.33亿元。上海、广东依然是除北京外投融资数量最多的城市，但从融资规模来看，上海、广东要落后于浙江和天津。浙江省，2017年上半年有27起股权投融资案例，涉及资金规模为92.54亿元；天津市有8起融资案例，资金规模为88.06亿元。

上述数据说明，2017年的文体娱乐产业已经成为了万亿级市场。投资者要想掌握这个万亿级市场，就必须知道该产业火爆背后的十大关键词：

● 关键词一：网络自制剧

传统电视剧的形式广为观众诟病，而网络自制剧应运而生。如今，网络自制剧已经逆袭传统电视剧，成为了电视剧主流。

从已经公布的视频网站资源来看，网络剧在2017年继续升温。围绕"大IP"核心，2017年网络自制剧全面进军，出现了众多"小鲜肉"霸屏；各视频网站在经过两年的试水之后大力开拓自制剧市场，纷纷走向"年轻态"路线。此外，跟过去的零散状态比较起来，2017年各网站自制剧定位明显更加清晰。

2018年，精准定位能否收获高位收视？拉高制作成本能否产生超值回报？视频网站的自制剧生态值得期待。

● 关键词二：二次元

从《十冷》到《大圣归来》，B站从获得融资到进军影视业，二次元经济的呼声越来越高。二次元之所以如此火爆的原因有：第一，IP被过度消费，能做的IP不多；第二，伴随着互联网长大的年轻人迅速成长，适应时代及年轻人主张个性的精神消费也应运而生；第三，流量稀缺。

在资本层面，二次元与资本联系越来越紧密，很多公司都拿到了融资，BAT大手笔布局。如今，"二次元大本营"A站、B站分别划归于阿里、腾讯旗下，妖气9亿人民币被奥飞收购、光线传媒成立彩条屋等举动都告诉我们，二次元作品不仅是作品本身，众多巨头被牵扯进去。

2017年已经成为二次元向主流受众进击的一年。"二次元"作品改编网剧的风口已吹起，二次元领域迈出 AR、VR 等科技尝试也是行业未来趋势之一；此外，以 B 站为代表的视频平台正在向文化社区、IP 孵化与影视制作平台转型。

● **关键词三：影视众筹**

2015 年，国产动画电影《大圣归来》引爆了国内电影市场，影片片尾字幕上滚动的近百位投资者的名字，让影视众筹成为焦点。《大圣归来》让最初参与众筹的投资者尝到了甜头，最终票房 9.56 亿元，投资者的 780 万元投资资金获得本息回报约为 3000 万元，每人的投资额少则一两万，多则数十万。

《美人鱼》《叶问 3》《捉妖记》《寻龙诀》《夏洛特烦恼》《港囧》《卧虎藏龙：青冥宝剑》等不断刷新的电影票房纪录对资本形成了极大的诱惑，通过众筹以相对较低门槛参与文娱投资为互联网众筹平台聚拢了大量人气。

京东、苏宁、百度、淘宝等多个平台都推出了文娱项目众筹产品，投资门槛从 1000 元至数万元不等。以影大人为代表的针对网络大电影的众筹平台也正在崛起。

一个行业的崛起，不仅能带动资本的涌入，还会带动更多的网民参与，尤其是文娱行业。可是，风光背后是悬崖峭壁。就资本来说，文娱类项目投资风险普遍较高，明星的人气变化很快，还容易受到突发事件的影响，市场是否买账存在较大的不确定性。

● 关键词四：并购潮

2016年被认为是文娱业的"并购元年"，"并购"、"重组"成了2016年文娱业的年度关键词。2017年，文体娱乐产业延续了并购的热潮，融资并购已成为文娱企业做强做大的必经之路。动辄数亿元的电影票房，以及轮番引爆收视的综艺节目使得文体娱乐产业成为吸金大户。

从2015年到现在，上市公司是纷纷砸重金买买买，尤其是以BAT为代表的互联网公司更加加快了与文化传媒上市公司的合作，不断创新了"互联网+"商业模式，进行了横向合并和跨界整合。其中，传媒业、影视业、在线教育和旅游业尤其受到资本青睐。比如，阿里巴巴。在影视行业，阿里相继入股光线、华谊兄弟和博纳影业，还入股了第一财经集团、博雅天下、无界新闻、36氪等媒介平台，收购了优酷土豆、南华早报等知名传媒。

● 关键词五：粉丝经济

所谓粉丝经济，泛指架构在粉丝和被关注者关系之上的经营性创收行为，通俗讲就是名人或其团队"利用"粉丝赚钱。从古至今，不论从事什么行业的名人，只要拥有足够多的拥趸者，都能轻松的赚钱变现。最近十几年网络的发展，更是使得粉丝经济呈现出繁荣至顶峰的景象。

以大V和明星资源为中心的微博无疑成为催化"粉丝经济"的集聚地，汇聚了影视、音乐、游戏、体育、文学等等相关的最受网民喜爱的热门话题，其中TFboys、吴亦凡、钟汉良、李易峰、鹿晗等人气偶像已成"行动的荷尔蒙"，粉丝文化正在以足够有力的态度存活。

互联网时代的到来，使得歌星、影星、体育明星、作家等名人的形象变得更加鲜活，也拉近了明星和粉丝之间的距离，赚钱也变得前所未有的简单。同时，互联网的飞速发展本身也造就了一批互联网明星，这些人借助新的手段，最大程度发挥了粉丝经济的能量和作用，在互联网时代赚得盆满钵满。当下，越来越多的影视演艺产品开始强调前期市场调研、受众定位和喜好分析，开始对"粉丝经济"进行充分挖掘，以期获得较高回报。

● **关键词六：明星投资**

近两年，创业投资基金成为投资热点，拥有名气和资源的明星纷纷跨界玩起了创投，取得了不俗的成绩。例如，由黄晓明、李冰冰、任泉创办的 Star VC（明星风险投资机构）投资韩都衣舍后的 1 年多时间里，2014 年官方旗舰店销售额为 15 亿元；秒拍经过疯狂圈地，短视频 APP 已进入较平稳的运营阶段，成为明星与粉丝互动和视频社交的必要工具，整个市场几乎被秒拍、美拍、微视瓜分；明星衣橱在创立的 3 年时间里，共积累了 5000 多万女性用户，日活跃用户为 500 多万，拥有千万量级的活跃用户，估值高达 5 亿美金。此外，杨幂、刘嘉玲 等做投资也是顺风顺水。

AB Captial 创立之初，投资了两个项目：跨境电商洋码头和轻断食果蔬汁品牌 Hey Juice；之后，投资了美啦美妆和境外短租品牌住百家。数据显示，目前 AB Captial 已经出手多次，投资金额庞大；Angela baby 正逐渐从话题女星晋升到投资女神。

本来可以靠脸吃饭的明星，依靠才华，玩起投资来也毫不含糊。

● 关键词七：票房经济

2016年的中国电影市场虽然涨幅放缓，但国产片票房占总票房的比例却提升了不少，让奋战在行业里的中国电影人热情饱满，奔向更为高歌猛进的2017年。

如今，越来越多的上市公司开始进军影视行业。电影票房的大卖，必然会撬动上市公司股价上涨。票房与金融、股价挂钩已经成为一种常态，除了光线传媒、华谊兄弟、北京文化等上市公司也被券商研究员进行过研究。

目前中国经济较为低迷，影视行业发展却如火如荼，具有较好的成长性，因此影视业也就成了较佳的投资领域，越来越多的基金公司开始投资影视行业。

● 关键词八：跨界IP

以IP（知识产权）开发为核心，文学、游戏、影视、动漫、音乐等文化相关产业链已经日益交叉，界限日益模糊，融合更加紧密。比如，卖得火的游戏改编影视剧，影视剧火的转型变手游，影游跨界IP凭借曝光度高、内容亲民和热度持续时间长的特点脱颖而出，而影游跨界IP正逐渐成为资本新宠。

随着各大游戏厂商、风投资本、影视巨头等对影视跨界IP的热捧，游戏圈与娱乐圈的界限逐渐模糊，游戏与影视剧也就成了互联网娱乐内容主角，未来影游IP联动定然能迸发出更加激烈的火花。

IP具备天然的吸量作用，各大游戏厂商虽然依然在对IP追逐热捧，但他们已经不再满足于单纯的获取IP游戏改编权,而是逐步进入影游联动层面。同时,游戏公司、影视公司、风投机构、各界巨头等通过投资并购的方式抢占了万亿市场发展先机。

从长远来看,谁掌握的优质IP越多,谁就能在泛娱乐市场上谋得先机。位居产业链最顶端的IP,不仅拥有庞大的粉丝群和超高的话题热度,在影视、游戏等领域也有着极强的可塑性,这就为后续的电影电视剧、戏剧音乐、游戏产品开发提供了盈利保证。随着围绕IP进行的资本运作越来越多,跨界IP必然会犹如雨后春笋般充斥在各大网站头条。

● **关键词九:真人秀**

如今,国内综艺节目迅猛发展,《爸爸去哪儿》《中国好声音》《奔跑吧兄弟》等节目的大热,使观众群体被真人秀节目包围。

"水涨船高"是当下中国真人秀市场的真实写照,资本将最好的资源聚拢到了真人秀领域。以《爸爸去哪儿》为例,2013年年底开播的第一季《爸爸去哪儿》,冠名费仅为2800万元,如今已经翻了近20倍。国内综艺节目,2014年是100多档,2015年约200多档,2016年则高达400多档,再加上火热的网络综艺,综艺节目已经高达上千档。

真人秀大片爆发态势已经堪比几年前电影大片的发展态势,综艺真人秀的投资规模动辄上亿元人民币,投资规模直追电影,甚至不少综艺节目还衍生成了"大电影",获得超高的票房成绩。很多专业的真人秀综艺营销公司是随着整个影视产业蓬勃发展起来的,备受各路资本投资机构青睐,成为追捧的新兴目标。

● 关键词十：泛娱乐

如今，"泛娱乐"一词已经被文化部、新闻出版广电总局等中央部委的行业报告收录并重点提及，横跨电影、视频、手游、游戏直播和周边产品的联合体纷纷出现。小米、华谊、阿里数娱、百度文学、艺动、通耀、360等企业纷纷将"泛娱乐"作为公司战略大力推进，"泛娱乐"被业界公认为"互联网发展八大趋势之一"。

移动互联网时代，文化产品的连接融合现象日益明显。围绕IP为核心的横跨游戏、文学、音乐、影视、动漫等互动娱乐内容逐渐增多，"明星IP"成为泛娱乐产业中连接和聚合粉丝情感的核心，而以IP为核心的"泛娱乐"布局正成为中国文化产业趋势。

中国的人口红利带来了一个体量无比庞大的泛娱乐市场，目前除了BAT等互联网巨头、游戏上市公司外，很多风险投资机构也把泛娱乐作为主要投资赛道和方向。比如，青山资本的特色"搓项目"，在"泛娱乐+"行业搓成了汪峰fiil耳机等。

上述梳理出的目前文体娱乐产业十大火爆关键词，可以帮助投资者准确抓住痛点和爆点，站上文娱投资与创业的风口潮头。

文体娱乐产业的融资特点

在文体娱乐产业高速发展的阶段,短期的波动无法阻拦资本进入文化产业的热情,但在具体的选择上,文体娱乐产业在投融资方面的发展逐渐呈现出以下特点:

● **投融资规模可观,总体趋于稳定**

2017年上半年,从文体娱乐产业股权投融资案例数量变化来看,市场对文体娱乐产业关注持续,尤其是在IP泛娱乐的概念引领下,诸多行业之间相互打通,已经逐渐形成了庞大的"泛娱乐"体系。

由于相关机构的严格监管,影视等内容创作领域溢价估值减少,泡沫化情况减弱,整个行业的良性发展带来利好,经过半年来对文化产业溢价收购、投资、泡沫估值等乱象的挤压和整理,文体娱乐产业估值相对趋于理性,未来半年,投融资完成数量及规模将在现有规模上有更大浮动。

● **投融资以内容为核心进行"泛娱乐"化**

文体娱乐产业本身是以文化内容和创意成果为核心价值,虽然互联网等技术的发展大大丰富了文体娱乐产业内涵,促进不同细分行业相互融合,带动文体娱乐产业投资新的风向，但其中大多数仍以创意内容为核心，只是对文体娱乐产业链进行了价值延伸，促使文化创意内容表达更加多样化。

如今，文体娱乐产业依然是以内容为王，核心竞争力依然绕不开"内容"这个话题。未来，针对文体娱乐产业的投资必然会更加聚集于内容，比如：基于优质原创 IP 的网络视频、网络游戏等。

● **投融资热点综合化**

当前，文体娱乐产业中的 IP、自媒体、网络直播、网红等多个行业热点，经过一番探索与实践，已经逐渐表现出融合发展的趋势，形成相互交融、共同发展的局面。如 IP 成为各个细分领域所重点打造的内容；自媒体通过网络直播丰富形式；网络直播借助 IP 与网红的力量实现爆发式增长；网红更是 IP、自媒体的深度融合，更可借助网络直播来丰富宣发渠道，形成协同效应。

2017 年，我国文体娱乐产业的发展获得了长足进步，围绕 IP 概念的"泛娱乐"发展模式更加成熟，已经横跨电影、电视剧、网络大电影、网络影视剧、动漫、游戏、主题乐园等多个传统文化领域。未来，投资者要密切关注文体娱乐产业的发展新动向，找准契机，通过合理投资，获得理想收益。

文体娱乐产业十大投资热点

当前文体娱乐产业正处于浪潮之巅，小众市场百家争鸣，根据专业投资机构的相关数据显示，其年均复合增速在 25% 左右，电影、移动游戏等细分市场的增速更是超过 30%。此外，科技的发展造成渠道颠覆，消费升级为文体娱乐产业带来了重大投资机会。文体娱乐产业总体规模包含核心层、关联层、拓展层的细分市场，其中，核心层市场规模 2015 年约为 4500 亿元，年均复合增速在 25% 左右，预计 2020 年总体规模将达万亿级别。下面是专业投资机构预测出产业中十大投资热点的未来市场规模，供投资者参考。

● 热点一：电影

电影产业的快速增长与国家出台的各项扶持政策有着密切的关系。作为文化产业的重要组成部分，电影产业的发展受到了政策的大力扶持，电影市场的法制化水平也有了显著提升。在政策扶持和简政放权的背景下，我国电影产业将获得更加宽松的发展环境。

同时，资本的大量涌入，更是加速了电影产业的发展。电影票房市场的快速发展使其成为投资新"风口"，不乏 BAT、万达等巨头的身影。值得注意的是，影视投资火热，但不是一本万利。在中国的电影投资中，50%是亏损的，40%持平，仅有10%左右可以盈利，中国的电影产业依然是一个高风险行业。

● **热点二：IP 经济**

随着文体娱乐产业链日渐成熟，多元文化产品之间的融合加深，泛娱乐发展迅猛，作为泛娱乐的入口，IP 的商业价值逐渐凸显出来。《花千骨》《琅琊榜》《芈月传》等现象级 IP 在二级市场交易火爆，让 IP 经济的潜力越发受人关注。

IP 的经济价值不仅体现在上游 IP 孵化上，更为重要的是围绕 IP 打造的一系列衍生产品。以当前各细分市场的容量保守估计，未来 3 年内，IP 原生市场将超过 150 亿元，IP 衍生市场有望超过 2000 亿元。

IP 产业的盈利模式不同于传统产业，其盈利空间也比外界想象得大。近两年，网络文学 IP 版权价格一路走高，少则三五倍增长，多则七八倍、十几倍。天价 IP 不断涌现，各路资本争先投资，投资火热。

● **热点三：移动游戏**

互联网向移动互联网方向发展的趋势日渐明显，移动互联网用户增长迅速，游戏用户也逐渐向移动端转移。从全球游戏市场的区域分布来看，中国市场已经成为全球最大的移动游戏市场。2015 年中国游戏市场收入规模就已经达到了 1407 亿元，移动游戏成为主要增长驱动力，达到 514.6 亿元。移动用户规模也达到 3.96 亿元，超越 PC 和页游，成为最大的用户群体。至

2018年年底，我国移动游戏市场规模有望达到1270亿元。

这一规模仅是在考虑国内移动游戏用户的基础上估算出来的。与网游不同的是，中国企业在移动游戏领域的研发水平已经达到全球领先水平，借助优秀的移动产品内容，企业出海越来越可行。对于中国移动游戏厂商来说，海外市场也具有很大的想象空间。

● **热点四：电子竞技**

电子竞技是一种结合"游戏+体育"的专业娱乐竞技形态，中国电竞市场2016年的整体规模是400亿元，用户规模达1.7亿人；2017年电竞市场规模达为50亿元，2019年有望突破百亿元。

报告还预测，接下来的5年是中国电竞市场的"黄金五年"，经过爆发式增长，电竞市场将继续突破高度，在2021年将规模达到250亿元，是2017年市场规模的5倍。

从整个电竞产业链来看，其上、中、下游产业链分别是游戏内容生产与运营、赛事运营和电竞周边生态。电竞的上、中、下游产业链初步形成了各自的商业模式，其中游戏生产与运营依靠独家代理权获利，盈利模式单一；而赛事运营和电竞周边生态则可依靠虚拟门票、广告、游戏联运、游戏周边、淘宝商城等实现增收，变现模式多元。

● **热点五：秀场娱乐**

自2005年至今，中国秀场娱乐市场已经历10多年发展。发展前期的秀场娱乐市场面临政策监管和舆论质疑的双重阻力，处于"闷声赚钱"的野蛮生长状态；随移动互联网的飞速发展，秀场娱乐市场增长率一度高达117.2%，未来将以20%～30%的速度增长，到2020年市场规模将接近250亿元。

资本是驱动秀场娱乐快速发展的主要因素，互联网巨头和视频站发力秀场，秀场平台获得资本市场认可。而经济的发展，人民生活水平改善，娱乐消费需求上升，给娱乐秀场发展提供了良好的机会；同样，在农村宽带基础设施配套建设中，也释放出了大量网络娱乐消费需求。

● 热点六：动漫产业

我国动漫行业迅速发展，2015年年底动漫产业总产值已突破1200亿元，2016年年底动漫产业产值达到1320亿元，2017年逼近1500亿元规模，预计2020年将有望突破4400亿元。

近年来，以漫画、卡通、动画、游戏和多媒体内容产品等为代表的动漫行业在全球经济中的地位迅速提高，在美、日等发达国家已经成为重要的支柱性产业。目前，中国的动漫行业发展还不成熟，正处于快速发展阶段。在中国动漫行业规模持续扩大的同时，动漫产品创作正从注重数量向注重质量提升转变，行业发展前景异常广阔。

● 热点七：网络剧

2015年是网络剧的"超级元年"，大剧、热剧不断涌现，关注度持续升温，大范围、全方位地超越传统电视剧的点击量。网络剧不仅仅能够缓解服务提供商版权成本压力，还能够借助自制内容，推动各家的差异化进程，提高平台整体的商业价值。网络剧可以从版权、电影、游戏三方面变现，至2018年市场空间可达650亿元。

对于日益发展的网络剧，投资者要注意以下几点：（1）随着行业竞争的不断激烈化，内容将成为网络剧取胜的关键因素所在，投资者必须向内容的差异化、优质化方向努力；（2）网络剧更多的是面向年轻观众群体，选取优质的网络文学、网络游戏进行改编，可以在一定程度上降低投资风险；（3）在网络剧发展还不成熟的时候，传统影视制作方、网络播放平台要进行更多的合作，不能单打独斗地向网络剧方向转型。

● 热点八：二次元

现阶段，中国二次元行业还处于成长期。据相关数据显示，2014年，核心二次元用户规模达4984万人，而泛二次元用户规模达1.5亿人。2015年，这两项数据分别增长至5939万人和2.19亿人。而随着动漫IP化运营的深入以及动画电影的渗透，二次元用户的规模将不断增大。2016年国内核心二次元用户规模达7000万人，泛二次元用户规模达2亿人。2017年二次元用户已经达到3.08亿人，其中97%都是90后、00后。在产业爆发式增长的同时，用户群体也在逐渐年轻化。2020年二次元产业将迎来6000亿元的市场规模。

随着超强动漫IP的不断诞生，"萝莉""御姐"等二次元元素风靡网络，二次元的文化渐渐从"小众"走向"大众"。合一集团 5000 万美元投资 A 站，腾讯领投 B 站 C 轮融资，锋绘动漫、神奇百货等泛二次元类电商、工具、社交平台的崛起，从资本市场接受程度看，二次元的新风口即将形成，庞大的金矿已经展示在市场面前，只要努力，就会获得无限的掘金机会。

● 热点九：音乐产业

2014 年中国音乐产业市场总规模达 2851.5 亿元，2015 年总规模达 2900 亿元，年复合增速在 2% 左右，整体来看，音乐产业处于过渡转型期，增速相对平稳。虽然产业整体已经步入平稳增长期，但随着人们娱乐方式的多样化、生活水平的不断提高，音乐消费需求规模也将继续扩大。

同时，国家对知识产权及版权的保护力度逐渐加大，音乐产业市场环境不断改善，而且我国音乐产业正处在由以实体唱片为主的传统模式向以网络音乐为主的数字模式转变的关键时期，模式的变革为音乐产业的进一步发展提供了良好条件，音乐产业必然会焕发出新的生机。

在投资过程中应重视以下两种模式：

（1）"音乐+粉丝经济"。这种模式以粉丝为核心，围绕粉丝的需求打造了一系列的音乐产品，配套产品不单独出售，粉丝首先要为音乐作品买单，才能获得相应的配套产品，如此不仅保证了音乐作品直接获得销售收入，也为粉丝、歌迷提供了更多增值体验和产品。

（2）"音乐+互联网"。中国是全球互联网行业最发达的地区之一，互联网人为音乐产业提供了更多新的可能性，其中包括互联网原创音乐平台、在线演艺、在线演唱会直播等领域，比如：5sing、六间房、YY、乐视等企业已经在"音乐+互联网"上取得了较好的成绩，引领了"音乐+互联网"的转型升级潮流。

● **热点十：网络文学**

网络文学经过10几年的发展，已经形成一条相对完整的产业链：网络文学是上游，通过IP授权，根据文学作品内容推出游戏、动漫、影视等一系列衍生产品，不仅带动了网络文学的发展，还丰富了网络文学商业模式，创造了巨大的商业价值。基于网络文学的利好因素较多、发展环境良好，未来5年的发展必然会呈现中高速增长发展趋势，年复合增长率在20%左右，到2020年网络文学市场规模有望达170亿元左右。

投资者在投资过程中要注意以下方面：

（1）以优质内容为先导，重点发力版权的多元开发。网络文学在内容上表现出典型的类型化特征，内容质量有待提升，传统文学具有天然的精品内容优势，但运营渠道有待改善，传统文学与网络文学互补存在，投资者如果能有效融合，促进两者长短互补，将催生精品IP。

（2）以明星IP为中心，打通整个互动娱乐产业链，比如：《花千骨》《盗墓笔记》《琅琊榜》等网络文学IP全版权运营的成功案例就表现出较强的市场示范作用，也印证了该商业模式具有较高的实践落地性。

（3）积极发展粉丝经济，在竞争中突出重围，迅速抢占市场。基于网络文学用户的高黏性和巨大消费潜力，IP价值将出现飞速上涨。

根据以上投资热点，专业投资机构认为文体娱乐产业投资主要沿着五大方向：

一是与影视相关的领域，如电影、网络剧，这些领域近年市场需求量急剧增长，优秀作品不断涌现；

二是以 IP 为核心的泛娱乐领域，如 IP 经济、动漫、二次元、网络文学等，当前 IP 的资本热度极高，以 IP 为核心的文化产品运营，市场影响力大幅提升；

三是消费不断升级的游戏领域，如移动游戏、电子竞技等，用户的付费意愿不断增强；

四是版权问题有所缓解的音乐产业，发展空间将进一步提高；

五是基于网络视频直播的秀场娱乐，其互动性较强，粉丝效应明显。

辰海资本："三剑客"运作妙基金文娱内容

辰海资本成立于2015年，在文化消费领域长期布局，重点关注新媒体、新文化、新消费和新技术等四大领域。猎云网在"赋能万物智领未来——2017年度CEO峰会暨猎云网创投颁奖盛典"上发布了"2017最佳文化娱乐投资机构TOP10"榜单，辰海资本位列第一名。

● "斜率"里的投资机会

2015年年底，陈尘离开老牌私募基金景林资产，成立了辰海资本。第一期基金规模为5亿元，到2016年年底共投出20多个项目，主要针对的是互联网金融和互联网改造传统行业的各细分领域。2017年，他与深耕文娱领域的投资者王维玮和陈悦天合作，成立了辰海二期——妙基金。此基金做的是"女性"和"青少年"生意，核心是文娱内容。

三人过去都投资过文娱：陈尘曾就职于华兴资本和景林资产，投过大众点评、达达、韩都衣舍、迈外迪等项目；辰海资本创立后，投资了熊猫直播、张嘉佳的时间海影业等文娱公司。王维玮曾是专注文娱投资的华映资本的"一号员工"，投过的项目有：聚橙网、海蝶音乐（已经被太合娱乐集团收购)。陈悦天则在创新工场投过米未传媒、丝芭文化等明星项目。在文娱圈里,他们都有着自己的独特标签:陈尘是个手速超过200的电竞高手,王维玮是个游走于大小剧场的男文青,陈悦天则是一个SNH48的宅男粉。

在从业的多年中,三人都在"老东家"经历过机构"从0到1"、"从小到大"的过程。有别于海归派,他们是国内第一批从投资机构最底层做起的创投从业者。在向前努力的过程中,三人积累了丰富的资源、人脉和眼力,也发现了自己真正擅长和喜爱的领域。出于对文娱的喜欢、熟悉和渴望,三人离开原机构,成立了辰海妙基金,并将文娱设定为主要投资领域。

除却个人倾向,三人共有的工程学科背景使得他们对于文娱领域的理解不同于一般的投资者,带着些"工科男"的独特视角。"两个2016年互联网视频付费用户的对比数据坚定了我们成立妙基金,聚焦文娱投资的决心。"陈悦天说。

有两个数据可以说明:一个数据是,中国2016年网络视频付费用户渗透率与1980年美国有线电视付费用户渗透率相当。1980年,美国传媒业大爆发、技术急速迭代,文化内容和传媒影视急剧发生变化。当时,美国有2000万~2500万有线电视付费用户。按中美两国的人口比例换算,相当于目前中国的6500万左右,而这正好与2014年视频付费用户的人数相当。另一个数据则是,视频付费用户增长曲线。他们发现,增长的斜率与2010年淘宝用户的增长斜率几乎重合。

两个数据都告诉我们,目前文娱传媒机构更迭、新兴内容机会来临,

2010年电商业爆发式增长的现象、人群消费升级的特性已经在今天的内容行业显现；这两点验证了人均 GDP 增长所带来的大众对于文娱产品的需求。一方面，头部内容会带来更加明显的经济效益，像电影《战狼2》那样，全民消费同一个内容，诞生出真正的爆款；另一方面，不同人群也产生了更多的不同需求，消费者越来越喜欢花钱去投票，这就给不同的细分文娱内容、垂直平台带来了更多的机会。

● **不看风口看结局**

辰海妙基金将专注文娱领域的投资分为三部分：内容、平台和消费。陈尘主要看平台和消费，王维玮专注内容和消费，而陈悦天则负责内容和平台。三者之间相互联系，存在一种以文娱内容为核心的递进逻辑关系：投内容，尤其是指能够工业化产出的内容，包括能持续产生 IP、艺人、文学、动漫、影视等内容的文娱企业，投资就会呈现不同内容的"泛文娱"垂直细分平台；之后，以此为基础，找到更高的天花板，对新消费项目进行投资。陈尘认为，不论是商业地产，还是零售，消费都到了用品牌和内容驱动的时代。如今，对于消费来说，内容已经成为重要的附加值。

在妙基金已投资项目中，"内容"项目包括：发行过《从你的全世界路过》的时间海、做影视剧改编和游戏授权的十三月、综合性动漫企业中影年年、笔酷文化、以 3DCG 技术为核心的巧克力文化，以及艺人养成公司麦锐娱乐、原际画等；"平台"项目则有泛娱乐直播平台熊猫直播、创新分享平台创客星球等;"消费"项目包括海狐海淘、户外运动品牌艾德克等。其中的一些关键词,诸如IP、直播、二次元、新消费等都曾被圈内视为一个个"风口"。陈尘却说,"妙基金不看风口,只看项目和行业的终局"。

辰海一期和二期基金都投资了的熊猫直播便是其中一个例子。在陈尘看来,投资熊猫直播不是对于"直播"风口的追逐,而是基于辰海资本对于视频行业的判断。陈尘看中的就是熊猫直播基于特定人群兴趣的视频社区定位。也正如他所判断的那样,熊猫直播已在游戏直播的基础上,增加了更多PGC、点播的内容,还和芒果娱乐、腾讯视频联手推出了"直播+点播"的明星养成真人秀《Hello!女神》。用熊猫直播COO张菊元的话说:"现在的直播平台,要么做大而全,要么做秀场,但熊猫和它们不一样,我们要去做精品内容。"

另一个对"只看项目和行业的终局"的佐证是投资海狐海淘。海狐海淘主要做的是海外官网直邮业务,陈尘认为,本质上海狐海淘并不是一家跨境电商公司,而是一家信息技术公司。海狐海淘的主要业务抓取和筛选全球的海外电商网站商品信息,通过中文页面显示,实时同步官网最优惠商品和最新款商品。用户付款后,平台会在海外官网上代下单,由官网直接给用户发货。

● 让文娱"工业化产出"成为风口

王维玮认为,对于投资者来说,滤噪和独立思考是最为重要的。所以,他看重的是创业项目的终局,而不是简单的跟风。如果真要说风口,他希望辰海选择的方向能够成为下一个文娱投资的风口,"工业化产出"就是其中一个。曾经有一段时间是文娱产业的红利期,即使是没有规模产出流程和能力的个体也能拿到投资,让某些人产生了"只要我一个人有想法,就可以成功"的误区。

其实,任何成功的 IP 孵化、影视制作背后,都有一套完整的工业化流程。成熟的影视制作公司是"制作人核心制",有强大的数据分析中心,从 IP、演员、导演的选择,到后期发行、宣传都不是盲目的。

在三位合伙人的概念中,"工业化产出"不仅意味着流程足够成熟,完全可以满足各类生产内容的需求,还有空间向上下游进行工业化的衍生。当然,要想要实现这两点,最佳(有机会)的内容投资是剧和动画。陈悦天认为,小说是由文字构成的,从人的理解来说,包括压缩和解压缩两个过程;漫画的阅读门槛比较高,必须能读懂分镜语言。因此,最容易抬升 IP 的形式就是视频媒介,具体来说就是剧和动画。

辰海妙基金成立后不久便投资了中影年年。中影年年是一家在横向和纵向都有工业化产出布局的综合性动漫企业,曾承接过《画皮》《花千骨》《不良人》等爆款电视剧的后期特效制作,在 3D 动画方面,已经积累了众多产能;在 3D 动漫 IP 方面,除了明星项目《血色苍穹》之外,团队可以同时运作三四个 IP。同时,还进行了影视特技制作、游戏娱乐、CG 人才培养等上下游多个产业的布局。

从个人单打独斗，到"三剑客"齐聚，陈尘很快就习惯了三人合作的管理模式：除了投资，他主要负责网站运营，有过猎头从业经历的王维玮则负责人力资源，而对媒体更为熟悉的陈悦天则负责品牌市场。如今，辰海妙基金已经形成了可复制、可持续、有一定竞争力的文娱投资逻辑。他们的目标是，希望文娱领域的创业者需要资金的时候能够首先想到辰海资本。

第五章 新常态下的教育产业：在稳定中探索新模式

对于教育产业来说，2016 年可谓是风风火火、大开大合，上市公司和产业基金动作频频，收购并购更是亮瞎了眼。2017 年，教育产业逐渐展现出"精耕细作"的特点，在稳定中探索新模式、认真做产业布局的投资者最终胜出。

教育行业 2017 年各季度投融资情况分析

我国教育行业在经过几年的积累后渐渐全面开花,行业迅速发展的背后是资本的支持。下面,我们根据公开数据及相关机构统计资料,来对教育行业 2017 年全年各季度的投融资情况进行分析(第一季度至第三季度数据是一级市场,第四季度数据是全市场)。

● **第一季度(一级市场):发生多起投融资事件**

根据企名片和公开资料,在 2017 年第一季度,国内教育行业一级市场共发生了 62 起投资事件,共计超过 30 亿元人民币,平均下来,每 1.5 天就会发生 1 起投融资事件。

在研究这些投融资事件后可以发现:(1)60% 多的公司都属于初创阶段,且有一半的公司都处于 A 轮阶段(包括 Pre-A 轮和 A+ 轮);(2)投资早期阶段使用了约 1/3(9.54 亿元)的资金量,中期阶段为 6.3 亿元,后期阶段为超过 1/3 的资金(10.37 亿元);(3)素质教育、在线外教、为教育机构提供服务的公司是一季度的投资热点,二季度延续了资本关注热度;(4)市场趋于理性,财务投资表现正常,战略投资变得活跃;(5)在教育领域,人民币投资依然是主旋律,美元投资不活跃;(6)在2017年第一季度的投融资事件中,整个教育行业一级市场表现稳健,没有出现过热、过冷的信号;活跃的资金多数都是在某细分领域中有明确、严肃投资意向的基金或战略投资,得到融资的企业多为细分领域中的领先者或独具特色的企业。

● 第二季度(一级市场):教育行业投融资热度不减

相关机构根据企名片及公开资料进行梳理和统计后发现,2017年第二季度教育行业一级市场共发生投资事件66起。值得注意的是,有些第一季度的投融资案例是在第二季度披露的,经过再次确认,2017年第一季度的投资事件为67起。可见,第二季度教育行业的投融资热度基本与第一季度持平,平均不到1.4天就会发生1起投融资事件。

在研究了2017年第二季度教育行业一级市场66起投融资事件、分析了总金额27.86亿元人民币的教育投资额后可以发现:(1)超过77%的公司成立时间在5年以下,且超过2/3的公司都处于早期融资阶段(包括种子轮、天使轮、Pre-A、A、A+轮);(2)有超过1/3(10.81亿元)的资金量用于投资早期阶段,中期阶段和后期阶段的资金量相差不大(分别为7.09亿元、7.2亿元);(3)素质教育、为教育机构提供服务的公司延续了第一季度的投资热度;知识分享、服务平台在第二季度的关注度比第一季度有所增加;(4)市场趋于理性,财务投资表现正常,战略投资热度相比第一季度略有下降;(5)在教育领域,人民币投资依然是主旋律,美元投资不活跃。

● **第三季度（一级市场）：投融资回暖，总额增加**

相关机构根据公开资料梳理和统计后发现，2017年第三季度教育行业一级市场共发生96起投融资事件。值得注意的是，由于有些发生在第一季度和第二季度的投融资事件延迟到第三季度披露，所以相关机构经过动态调整和确认，2017年第一季度和第二季度的投资事件均为75起，即2017年上半年共有150起投融资事件。也就是说，从上半年平均1.2天发生1起投融资事件变成平均不到1天就有1起投融资事件发生。从总金额上看，教育行业的投资似乎有所回暖。2017年第三季度的总投资金额超过66亿元人民币，超过了第一季度和第二季度融资额的总和。

仔细研究2017年第三季度教育行业一级市场投融资事件就能发现：（1）投资早期使用超过1/4（18.42亿元）的资金，中期阶段和后期阶段的资金量分别占到了1/3（22亿元左右）；（2）超过83%的公司成立时间少于5年，近70%的公司都处于早期融资阶段（包括种子轮、天使轮、Pre-A、A、A+轮）；（3）素质教育、职业教育、在线外教等领域的投资热度在2017年前三个季度持续上升；（4）从2017年三个季度的整体情况来看，财务投资占比呈上升趋势，战略投资热度略有下降；（5）在教育领域，人民币投资依然是主旋律，美元投资不活跃，而第三季度的美元投资比第一季度和第二季度较为活跃。

● **第四季度（全市场）：上涨后的回落本属正常**

相关机构根据公开资料梳理和统计后发现，在2017年第四季度，教育行业共发生投资事件81起，平均每天发生0.9起投融资事件，与2017年第三季度同比减少15.6%，但相对于第一季度和第二季度的75起还是保持着一定回暖之势，毕竟整个教育行业的融资频率在9月份飞速上涨，第四季度的回落也属正常。

仔细分析2017年第四季度国内教育行业81起投融资事件就可发现：（1）在投资轮次方面，早期阶段融资事件占比近68%，其中天使轮和A轮阶段均有18家企业，占比都为22.2%；（2）在融资金额方面，第四季度融资金额为85.2亿元人民币（除去13家未透露金额），超过71%的资金是后期阶段投入；（3）投资地域以北京为主，上海、广东紧跟其后；（4）在细分领域方面，K12领域项目热度持续上涨，占比为28.4%，英语培训类紧跟其后，占比超过13.5%；（5）投资币种主要是人民币，美元投资不活跃，仅占7.4%。

简单统计一下：教育行业在2017年全年共发生327起投融资事件，总金额达201.44亿元人民币。由此可以看出，资本对教育行业发展有着巨大的支撑力量！

坚定投资教育行业的三大理由

目前，中国幼儿园在园儿童人数超过 4200 万人，中小学生在校生为 1.4 亿人，高中阶段在校生 4000 万人，高等教育在校生 3600 万人；再加上继续教育，全国教育消费人群可能逼近中国总人口规模的一半。对国家来说，教育是一项重大事业，不是产业；但从投资角度来说，教育就是一个行业，就是一个面向巨大消费人群的服务业。如此大规模的消费人群，公办教育体系是无法将其完全覆盖的，存在很多企业参与的环节。下面我们就从多方面来阐述投资教育的原因。

● **理由一：用户端教育市场大有可为**

教育其实是一份贯穿一生的事业，在不同阶段有不同形式的教育需求。以往，中国的基础教育形式是单一的、普适的，但随着中国家长对于教育需求的升级，中国的消费人群对教育形式和内容的需求将会呈爆发性增长。

目前，所有用户端市场的大行业中，还留有教育这么一个巨大而尚未被市场化大范围优化的领域，如果有广大的市场化经济动力参与，将带来最切合消费者需求的产品和服务。营地教育在这方面做出了有益的尝试。

如今，营地教育已经不再是传统的夏令营，而是一种教育的新形势，主题更丰富，内涵更深刻，既能让学生在新的环境下培养领导力和组织力，还能帮学生尽早发现自己的兴趣（人文的、科技的、体育的等），在体验中找到爱好，培养爱好。随着新一代教育需求的不断升级，必然会出现众多量大且空白的细分领域。

此外，即使是在主流的学历教育环节，有些人也在尝试使用全新模式来打造中小学教育。除了常规课标体系外，还增加了传统国学、美学教育，融合 IB 课程的逻辑思维教育等，小学三年级掌握的诗词量远超常规六年级水平，家长通常都愿意让孩子尝试这类项目。

● 理由二：科技推动下的教育形式个性化、在线化、智能化变革

长期以来，我们看到的教育都是：老师上课、学生考试升学，关注名师、关注成绩、关注升学。从历史角度来说，教育本来是相对个性化的，关注个体差异，需要因材施教，由此也就有了私塾、师徒等形式；后来随着教育人群的增加，出于对师资经济性的考虑，才出现了一个班五六十人的情况。

随着科技的进步，教育再次被引向个性化道路，比如，专门研究自适应教学的学吧课堂、论答，都在用不断迭代测试的方式，对学生知识点的掌握程度进行有效评测，能够协助老师针对学生的薄弱环节进行个性化备课、个性化辅导。

如今，新兴的公司都在使用更智能的教学形式，帮老师改进教学、提升教学质量，都在用科技推动着教育资源均衡化。比如，盒子鱼就改变了英语

教学方式。

盒子鱼目前已进入全国各地的3000余所中学，积累近两万名教师用户，其中不乏在数周、数月时间内提高几十分的案例。这是盒子鱼开始全国推广后5个月内拿出的成绩单。在盒子鱼看来，提分没有秘诀，"学起来"就好。

盒子鱼的英语教学法完全不同于纸质书本时代，几乎每个细节都存在创新。其他英语学习产品都是为了提升传统英语学习方法的质量，而盒子鱼则完全是一种"移动互联网时代的英语学习法"。

盒子鱼以图片、视频为载体，把英语学习需要掌握的能力、知识点结合在一起，让学生进行练习，这是盒子鱼与其他英语学习产品最大的不同。盒子鱼的教学方法与内置图片、音视频素材，更加鲜活，学起来也不再枯燥，受到了众多学生的喜欢。一旦学习时间与"语料"的输入足够大，分数自然也就能提高了。

盒子鱼的案例告诉我们：教育信息化能够更好地帮助学生用多种形式完成学习，并以多种形式对学生的综合能力进行有效评估，从而打开了升学就业单一的学业职业通道。

●理由三：人才结构转型给职业教育带来新机遇

中国建设制造业强国，迫切需要职业教育支撑。考虑到老龄化和人口红利消失，如果不能摆脱低端制造业，第二产业的经济支撑作用将变得非常严峻。中国的低端产能过剩，低端产品同质化竞争激烈，而高端产能不足，自主技术创新能力薄弱，基础配套能力不足，关键材料、核心零部件严重依赖进口，当前急需的是产业升级和再工业化，这也是中国大力推动《中国制造2025》的核心意义。

国务院《加快发展现代职业教育的决定》提出，到2020年中等职业学校和普通高中招生规模大体相当，高等职业教育规模占高等教育的一半以上，这代表将近一半的初中毕业生要去中职院校就读。同时，国家也在推动一批地方本科高校向应用技术、职业教育类型转变。《现代职业教育体系建设规划（2014年至2020年）》鼓励企业举办或参与举办职业院校，到2020年，中型企业参与职业教育办学的比例达到80%以上。

目前，高等教育，大部分还是以公办为主，在面向应用型教学、面向职业教育方面，存在众多产学不对称、不衔接问题，而原有的教育体系又无法快速发生改变。我们相信，必然会出现大量优秀的职教企业，通过产教融合、校企合作、实训实习等形式，将优秀的、面向市场化应用的教学内容和形式引入到职业教育中，无论高职还是中职，都有着巨大的应用空间。

未来5年至10年，正逢国家对教育的全面优化提升，正逢新一代家长对教育的理念升级，正逢科技创新对教育的颠覆创新，专注投资教育，每个投资者都应该更加坚定！

教育细分领域幼儿、K12教育是投资热点

在目前的教育行业细分领域中,幼儿教育已经抓住"单独二胎"和人口反弹机遇,实现了跨越式增长。兴趣教育虽然起步较晚但发展较快,且投资主要集中在百万与千万级。

K12教育是受互联网影响最大的细分行业,2014年后投资热情开始高涨,2015年上半年已经超过2014年全年的投资规模。2016年1月初,Google Chrome book在K12领域的销售额超过51%。此外,低龄留学市场的崛起也为留学市场提供了新的盈利增长点,投资规模逐年增加。从这些不难看出,在当前的教育行业投资趋势下,细分领域的投资特点鲜明,幼儿、K12教育已经成为投资热点。

● **幼教领域的投融资**

从整体情况看,幼教行业的一级市场投融资呈现两大特点:(1)投资级别提升,中后期项目成为投资趋势。2016年千万及亿元级融资案例数占比47%,2017年占比达78%,同时相比于2016年,2017年A轮、B轮和C轮之后的投融资案例数占比分别增加了11%、3%和4%;(2)产业资本+专

业投资机构竞相涌入，教育产业并购基金涌现，自 2012 年以来产业资本投资数量逐年增长，2017 年教育产业基金的设立数量大幅增长。来看下面 6 家企业在幼教领域的布局动作。

企业 1：威创股份

线下幼儿园实力强盛，打造幼教生态链。具体表现为：2015 年，用 5.2 亿元收购红缨教育 100% 股权；出资 750 万元，持股 75%，成立威创软件南京有限公司；以人民币壹元受让红缨教育所持有的北京红缨乐土教育科技有限公司 100% 股权，并更名为威学教育；向盛世骄阳增资 50%，后又于 10 月终止；用 8.56 亿元收购金色摇篮 100% 股权。

2016 年 1 月，打算募集资金不超过 25 亿元资金，12 亿元用于幼儿园运营一体化解决方案项目，13 亿元用于"旗舰型幼儿园"升级改造服务及儿童艺体培训中心建设项目，实际募集资金 12 亿元；参与设立投资基金，以 5360 万元人民币投资贝聊科技，获得 16.67% 股权；与启迪教育联合成立北京启迪威创教育投资有限公司，成立幼教行业的人才培训+项目孵化基地；用 6000 万元收购幼儿园连锁加盟品牌广州艾乐教育品牌管理有限公司，获得 33.71% 股权；与南京康轩文教图书有限公司共同出资 500 万元，设立"南京威康文教有限责任公司"，布局早幼教内容市场；红缨教育独立出资人民币 100 万元，成立北京紫荆时光教育科技有限公司，定位城市高端幼儿园；威学教育与君重资产成立合资公司君重威创，并设立 50 亿元幼教产业并购基金，并购一线城市幼儿园。

企业 2：皇氏集团

幼儿动漫 IP+ 儿童内容及衍生品渠道。具体表现为：2015 年，皇氏集团 7.8 亿元收购盛世骄阳 100% 股权；与杭州暾澜投资发起设立皇氏暾澜新兴产业并购基金，并购基金规模 10 亿元；1 亿元入股幼教云平台碧海银帆，获得 20% 股权；以 1200 万元投资遥指科技获其 20% 股权，后者拥有亲子活动平台"宝贝走天下"；和奇虎 360 在儿童互联网平台、影视剧内容领域进行合作；2016 年，与陕西三砥合作开发 3D 儿童影视内容。

企业 3：和晶科技

两大线上家园共育平台。2014 年 9 月，和晶科技拟 1500 万元收购环宇万维 17.65% 的股份，正式进入在线幼教市场；2015 年，三次对环宇万维增资；与智趣互联合作，投资 2900 万元，持股 5.85% 的股权，对赌 2016 年挂牌新三板。

企业 4：秀强股份

实体幼儿园 + 幼教信息化。具体表现为：2015 年，设立新余道生天成教育产业基金，出资 5 亿元，首期规模 2 亿元，公司作为 LP 认缴 10%；用 5000 万元设立全资子公司江苏秀强教育管理有限公司，作为教育产业投资管理平台；用 2.1 亿元收购杭州全人教育集团有限公司 100% 股权，对赌 2016、2017 年直营幼儿园达 20 家、40 家；2016 年 3 月，参股设立的新余修齐平治基金花费 1.5 亿元收购领信教育，获得 36% 股权；2016 年，自有资金 5000 万元投资设立南京秀强教育科技有限公司，收购方向为单个或几个幼儿园标的；拟收购徐幼集团 51%～75% 的股权，徐幼集团总估值约为 3.5

亿元人民币；拟以 3.8 亿元收购培基教育 100% 股权。

企业 5：阳光城

地产 + 幼儿园。具体表现为：2015 年，拟出资 1 亿元设立全资子公司阳光幼教投资管理有限公司，从事幼儿教育相关领域的投资和运营管理；旗下新阳光幼教收购幼教公司师汇优创 65% 股权；阳光城及阳光城控股拟和新奥基金共同出资设立教育产业并购基金管理公司，拟募集设立教育产业并购基金，基金规模不超过 30 亿元。

企业 6：时代出版

数字教材 + 幼教盒子。具体表现为：2015 年，公司以安徽少年儿童出版社和安徽时代漫游文化传媒股份有限公司为基础，组建时代少儿文化发展有限公司，开发儿童成长需要的各种解决方案；安徽少年儿童出版社、清华大学旗下的紫荆时代和贝壳育德两家高端幼儿园品牌合作，组建了时代紫荆教育投资有限公司；2016 年 7 月，收购鞍山金宝国际幼儿园；第一家直营幼儿园在上海开园。

可以看到上述 6 家上市公司的其中 4 家：皇氏集团、和晶科技、阳光城及时代出版，其产业皆需依傍以儿童为核心的家庭用户人群。而威创股份及秀强股份，也需借力幼教这一拥有常青需求的产业来转型，脱离传统制造行业困境。因此他们皆选择开发这块垂直细分领域，完善自己的生态布局。

● K12 领域的投资

K12教育是国际通用的基础教育简称，中国K12教育特指小学、初中、高中阶段的教育。智来时代发布《2015中国教育培训行业蓝皮书》显示，K12中小学教育最受资本青睐。同时，据芥末堆与德勤中国联合发布的《2017年教育行业蓝皮书》显示，2017年前8个月K12领域融资为34.3亿元，2016年全年融资30亿元，K12融资同比2016年上扬。

至2017年11月21日，K12领域有40家公司获得41起融资，总金额为60多亿元，70家多机构投资方入局，包括：红杉资本中国、经纬中国、IDG资本、真格基金等知名天使/VC/PE，新东方、学而思等产业方，互联网巨头腾讯等。这一切都要得益于经过多年的投入和摸索后，K12在线教育拥有了稳定的可持续商业模式。

来看下面两个案例：

案例1：

北京星立方科技发展股份有限公司（以下简称"星立方"）成立于2010年1月，起步于教育信息系统基础软硬件与安防工程，通过技术研发实现了向教育数据运营服务商转型。随着各类产品的持续完善，平台运营模式逐步成熟，确立了公司的主打产品：达睿思、学路优、学价宝。

如今，"达睿思"2B产品已经发展成熟，"学路优"2C产品即将进入规模推广期，"学价宝"第三方评测系统在公司具备优势的K12领域和职教领域都具有可观潜力。三大品牌都构建了学习生态，通过垂直产品的销售模式和"大兴模式"区域的云平台运营模式的驱动，实现了内容和平台的优势互补，大大提升了盈利能力。

案例2：

佳一教育是新三板唯一一家以K12校外培训为主营业务的教育类公司，是中国二三线城市培训机构的领军品牌，重视内生增长和外延扩张。在内生增长上，培训业务深耕华东地区，教育服务加快全国布局；在用户端方面，公司直营校区主要分布在江苏省的二三线城市，同时进一步强化华东地区市场份额，2016年年底直营校区数为31家。受益于二三线城市的高需求和低成本，2015年公司毛利率高达59.81%。在企业自身方面，公司收购了当地资源、表现优秀的合作学校，预计到2018年合作学校数达1300家。同时，公司和威科姆合作，设立公立学校，共建智慧教育生态圈。

在外延扩张上，开展了外部投资深入合作，产业链条向纵向延伸战略。公司向英国在线教育公司EZ Education投资34万英镑，获得15%股权，进入英国的数学互联网教育领域；同时，获得Doodle Maths在大中华地区的唯一业务运营权，顺利进入国内学前数学互联网教育领域。公司还参与投资设立上海创宏教育科技有限公司，持股35%，成功涉足高中数学互联网教育和教育内容云平台领域。

目前，我国处于K12教育阶段的人口为1.8亿，2020年预计达到2.12亿。

庞大的适龄人口基数,为K12发展奠定了基础。随着二胎政策的放开,家庭年均教育消费支出的逐年增长,未来定然可以出现一个万亿市场。星立方和佳一教育可能就是因为看到了这一点,才积极布局K12市场,创造了稳定的可持续的商业模式。

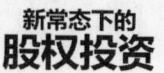

几何投资：要做教育领域金融服务商

北京几何投资管理有限公司（以下简称"几何投资"）是专注于股权投资及管理的专业机构，总部在北京。公司重点在管基金包括由教育部学校规划建设发展中心指导并发起设立的中国教育投资基金等，构建了一整套体系化、专业化、全方位的投资管理和风险控制机制，打造了一套"以专业立足，以风控立命"的投资体系，从资金募集、管理到项目挖掘、投资、管理、退出等，都提供了人员和机制保障。

● 战略定位

几何投资把自己定位为教育领域的金融服务商，结合自己在金融领域的经验和技能，把金融工具与产业场景相对接，基于教育细分领域，做多样化的金融服务，其中包括产业参股、并购、债权、PPP、ABS等多种服务产品，成为教育产业企业的金融智囊和服务供应商。

● 专业团队

几何投资由原九鼎投资、赛伯乐投资等一线投资机构的核心高管联合创立，股权投资及管理行业经历均在6年以上，主导完成股权投资案例超过

40家，具备丰富的产业资源储备和专业的股权投资经验，同时对中国资本市场具备长期精准的理解和研究。

同时，几何投资还汇集了8位教育产业合伙人，他们教育领域的从业经验都超过了10年，能够协助几何投资和中教基金更精准地把握教育投资机会，做好投后服务。

●投资理念

几何投资的投资理念是：我们珍视声誉如生命；专业、风控、诚信是我们赖以生存的根本；持续领先的投资回报率是我们坚持不懈追求的目标。

几何投资没有单纯把教育作为股权投资的一个垂直领域，而是相信金融已经从1.0阶段转变到了2.0阶段，已经从信息不对称度高的产融分离阶段转变为产业生态内信息对称度更高的产融融合阶段，二者深度融合，金融是产业场景化的。它认为，未来的消费品领域股权投资最具优势的可能是京东；航班延误险定价最合理、销售最旺盛的可能是携程；教育领域也会出现基于教育各类场景的金融产品，基于场景信息基础的决策会更科学。

●中教基金

目前，几何投资管理的中教基金（中国教育投资基金）总规模60亿元，由教育部学校规划建设发展中心指导并发起设立，基金围绕教育部"十三五"规划的大方向，以股权产品配置到优秀的企业中，协助推进现代职业教育，推进教育教学改革，推进教育信息化。

几何投资与教育部官方教育行业智库和专家集成平台中国教育智库网达

成战略合作，为中教基金提供了教育智库、专家和其他优质教育资源等的全方位对接，同时还与教育领域最活跃的垂直媒体芥末堆达成战略合作，全面对接产业专家和行业资源，让智力附加值和信息附加值得到了最大发挥。

第六章 新常态下的医疗大健康产业：百年不遇的机遇

新常态下的医药健康是股权投资特点领域。李克强总理提出的"健康中国"已升级至国家战略高度。而国务院印发的《关于进一步激发社会领域投资活力的意见》中说，医疗和养老由于"社会需求大"、"供给不足"要求"尽快有突破"，因此要扩大投融资渠道，"引导社会资本以政府和社会资本合作（PPP）模式"参与医疗、养老服务等机构。以医疗、养老为主的大健康行业将迎来百年不遇的机遇。

大健康产业：10万亿大蛋糕待分享

美国著名经济学家保罗·皮尔泽在《财富第五波》一书中曾预言，健康产业将成为继IT产业之后的全球"财富第五波"。如今的中国，健康已经成为上至政府、下至百姓普遍关心的话题。

2015年3月，李克强总理提出了"健康中国"概念，指出：健康是群众的基本需求，要不断提高医疗卫生水平，打造健康中国，到"十三五"规划建议落地，健康中国正式升级至"国家战略"。

2016、2017年的"两会"中，"股权投资"都成了万众瞩目的热词。

2017年3月16日国务院印发了《关于进一步激发社会领域投资活力的意见》（以下简称《意见》），以放宽行业准入、拓宽投融资渠道等政策鼓励民间资本进入医疗、养老等社会领域。其中，医疗和养老社会需求大、供给不足，需要尽快有突破。为了适应上述领域平均收益低、回报周期长的特点，《意见》还提出，要引导社会资本，以政府和社会资本合作（PPP）模式参与医疗、养老服务等机构。

专家预计，"十三五"期间，大健康产业市场规模能够达到10万亿元。目前，从健康产业的发展态势来看，市场规模可能会远远超过这一数字。以医疗、养老为主的大健康行业必然会迎来股权投资的又一轮契机。

● 10万亿健康产业究竟多有大？

大健康产业是指"维护健康、修复健康、促进健康"的产品生产、服务提供及信息传播等活动，包括医疗服务、医药保健产品、营养保健产品、医疗保健器械、休闲保健服务、健康咨询管理等多个与人类健康紧密相关的生产和服务领域。现在的大健康产业不同于传统医疗产业发展模式，是一种从单一救治模式转向"防—治—养"一体化模式。

我国大健康产业由医疗性健康服务和非医疗性健康服务两大部分构成，已形成了四大基本产业群体：一是以医疗服务机构为主体的医疗产业；二是以药品、医疗器械、医疗耗材产销为主体的医药产业；三是以保健食品、健康产品、健康养生为主体的保健产业；四是以养老产业、健康管理服务产业、医疗旅游等为主体的新兴健康产业。

从各细分子领域来看，跟健康服务与保健相关的细分领域增速明显高于传统医疗和医药产业。自2010年以来，健康养老、健康品产业、健康管理服务、医疗产业、医药产业的复合增速分别为28.1%、27.7%、19.7%、16.5%、15.5%，中国在养老、保健、健康管理等领域的发展增速要明显高于传统医疗和医药产业，在医养结合、构建大健康格局的主题下，健康服务与保健领域必然会获得更大的上升和扩展空间。

●各路资本纷纷布局

健康是刚需，随着人们生活质量的普遍提升，对于健康的诉求也在不断升级。健康的消费升级必然会激活健康服务市场，催动投资新风口。如今，面对这块 10 万亿的巨大蛋糕，各路资本纷纷采用自己的方式在布局。

案例 1：马云带领阿里巴巴在健康产业动作频频

阿里以支付宝、天猫为框架，以云锋基金为开路先锋，纵连横合。在医院端，入股了恒生电子旗下的互联网医疗子公司恒生芸泰、战略投资华康医疗、搭建支付宝未来医院；在健康管理端，战略投资了U医U药、寻医问药网等；在智能设备端，与上市医疗医药公司合作，包括在智能移动医疗设备与鱼跃科技合作；在医疗影像领域，入股华润万东，与迪安诊断在体检检测领域展开了战略合作；在医药 O2O 领域，以天猫医药馆、阿里健康 APP 为核心，与卫宁健康一起探索处方流通，与医药商业公司白云山建立了合作关系。

案例 2：百度在医疗领域的战略布局大动作频出

百度开发了百度医疗大脑、百度医生、拇指医生、百度健康、百度医学、Dulife、百度直达号八个医疗板块。为了做实八大医疗板块，2015 年百度与医生、医院、各地卫计委广泛建立合作，比如：301 医院、华山医院、上海一妇婴、中日友好医院、广医一院、协和医学院等；百度医生进驻陕西、安徽、江苏、贵州、深圳等省市，与多家互联网医疗公司签署合作协议，将百度的医疗服务拓展延伸至线下。2016 年 10 月 11 日，百度推出了人工智能在医疗领域内的最新成果——百度医疗大脑，利用图像和语音分析技术，借助大数据挖掘技术，实现了个人健康管理。

案例3：腾讯依托微信等众多产品，积极布局"互联网医疗"

腾讯自2012年开始，依托微信等众多产品，持续、积极布局"互联网医疗"领域，先后在全国数千家医院推出了微信预约挂号、缴费、候诊等服务，通过自建、合作、投资三种手段连接了患者、医生、医院这三大医疗主体，并布局了慢病管理、智慧医院、在线问诊、智能硬件、医美、运动健身、基因检测、保险、医生社区、护理、大数据、急救、医疗服务、众筹公益等14个医疗服务细分领域，试图介入医疗环节的各个领域。腾讯布局大健康最主要方法仍然是投资。截至2016年9月，腾讯共投资了24个医健项目。其中除问诊、医生社区、大数据等涉及到常规医疗环节的项目外，还包括一些如互助保险、医疗公益等。从资本的角度来看，医院、医生、患者三个主体构成了腾讯在医疗行业的投资重心。

案例4：王健林的万达集团开始布局大健康产业

2015年6月11日，子公司百年人寿成立了大连爱立方健康管理有限公司，定位健康管理，旗下有营养宝、健康Plus等互联网产品；7月29日，与中国太平洋保险股份有限公司旗下的太平洋保险养老产业投资管理有限责任公司签署《太平洋保险养老产业投资管理有限责任公司与万达信息股份有限公司之全面业务合作协议》。2016年1月6日，与英国国际医院集团在北京签订合作协议，将在上海、成都、青岛建设三座综合性国际医院，由IHG运营管理并使用IHG品牌（中文名为"英慈万达国际医院"）；9月28日，旗下电商项目"飞凡"动作频频。

案例 5：宝能集团的健康医疗布局架构浮出水面

宝能集团协同人寿保险和养老产业，发展高端医疗、康复保健、养生美容等健康产业，计划在未来5—10年投资500亿元，在全国设立10多家三甲综合医院。集团官网显示，在集团旗下的民生产业板块下有个子板块——健康医疗，打造了面向中高端市场的医疗综合体，项目涵盖常规医院和特色医院，引进了国际一流的专家型医疗团队和技术，为公众提供了高标准的养老、医疗、保健等民生服务。

案例 6：娃哈哈陆续推出了 24 个功能性饮料产品

娃哈哈陆续推出了24个有改善睡眠、辅助降血糖血脂、增加骨密度、抗氧化等功能性饮料产品，完成了从食品饮料向大健康范畴跨界。娃哈哈推出的小陈陈青梅陈皮饮品，食材以陈皮与青梅作为原料，不添加任何色素、香精、防腐剂，包装清新时尚，满足了大健康需求。

案例 7：苏宁在大健康保险行业动作不断

2014年1月，成立苏宁保险销售有限公司，注册资本为人民币1.2亿元。其中，苏宁云商出资9000万元，苏宁电器出资3000万元；2016年6月6日，苏宁云商联合包括卫宁健康在内的十家企业成立了金诚财产保险股份有限公司，苏宁云商出资2亿元，占股20%。

除了上述BAT互联网大佬及王健林、宗庆后等人外，私募股权投资机构、基金等资本也在向健康医疗产业渗透。从资本的角度来看，大健康产业投资主要集中在三个价值洼地：（1）通过医疗相关数据的互通，解决各个区域之间、医院之间甚至医院各个科室之间的信息不对称问题；（2）当下很火的基因检测概念，因为基因测序数据将成为精准医疗的源头，甚至会改变未来医疗行业的运行秩序；（3）能解决医疗资源合理配置的新模式。未来几年，随着资本的持续注入及企业的并购整合，真正的独角兽企业必然会出现。

医疗大健康细分领域投资机会

市场和资本追逐的热点在不断发生着变化，从 CRO、医疗器械、高值耗材、专科服务到 2014、2015 年的互联网医疗、2016 年的精准医疗，2017 年的创新药研发等热点的兴起、细分领域行业龙头的诞生，都是大趋势。事实上，医疗健康产业链中平时我们接触到的部分是零售和网上药店、公私利医院等，在这些背后蕴藏着整个"产业帝国"和广阔的市场空间，如药厂可以细分为化药、生物药、中药、疫苗、血制品等，器械厂可以细分为医疗设备、移动医疗、耗材等。医疗健康行业的世界"纵横交错"，广阔的市场空间带来巨大的投资机会。下面，我们看看医疗健康产业中哪些细分领域以及应该有怎样的投资理念。

● **四大细分领域：医药、流通、医疗、医保**

对大健康产业的定义在中国半壁江山是指的医药，在发达国家不是这样的。对医药健康领域投资机会的把握，应该关注四大细分领域：医药、流通、医疗、医保。

具体来说，医药领域的创新药是投资的永恒主题，主要关注的是政策的环境和政策的变化，药审制度改革、医保谈判目录制度，当然还包括资本市场的完善；流通领域非常看好的是IPO，大体上有5000亿规模的医疗器械、设备的高端化和流通整合，包括分子诊断、高端设备等；医疗领域是精准医疗和生物治疗技术，这两个方向是未来最具确定性的投资领域，包括抗体药物、精准医疗、抗医药、免疫治疗和基因等；医保领域包括社会化医疗和分级诊疗，民营医疗和分级诊疗是最重要的两个版块。

上述四个细分领域蕴含的投资机会有一个基本的前提，就是能够推动中国医疗产业的市场化。

● **全产业链投资理念：PE眼光、投行思维、副董事长角色**

大健康产业链体现了整个健康产业的大产业链。所谓大健康产业的产业链是指，与人的健康具有内在联系的产业集合，由围绕服务于健康需求进行健康产品生产（及提供服务）所涉及的一系列产业构成。

根据健康产业的分类，医药、医疗仪器设备及器械、制药专用设备、体育用品、营养保健品等制造业会带动工业原材料、药材和其他有关产业的发展，同时自身也要进行大量研发；在产品流通环节，随着现代物流的高速发展，仓储、加工、包装、配送、信息处理等活动频繁，不仅是整个产业链有序运转的重要支撑，还有效带动了本地就业的发展；在健康消费环节，医疗卫生、休闲健身等相关服务行业分别满足了人们的不同健康消费需求，如医院、疗养院、休闲健身娱乐中心等，能够在有形产品形态的基础上为人们提供其他服务内容，而营养保健品则直接以产品形态供人们健康消费。

总之，整个健康产业的大产业链体现了一种研发、生产、流通、消费的紧密关系。

下面来看看盛世景集团在大健康领域全产业布局的案例：

在投资大健康产业的过程中，盛世景关注解决我国重大疾病领域未满足的医疗需求，步长制药作为在心血管、妇科等疾病领域中表现优异的企业，契合了盛世景的产业布局思路。2010年盛世景投资于步长制药，步长制药开始了在整个大健康领域的投资布局；2016年11月18日，山东步长制药股份有限公司完成IPO，在上交所上市。

步长制药是盛世景大健康领域布局投资策略中的代表之作，其秉承"聚焦大病种、培育大品种"战略，以专利中成药为核心，建立了"研发＋并购"的发展模式，主要产品有脑心通胶囊、丹红注射液、稳心颗粒等，在心脑血管和妇科用药领域具有很强的市场竞争力，发展稳健快速。

近年来，盛世景投资团队已经完成了约20亿元总规模的项目投资，并与桂林三金、中恒集团、悦心健康等上市公司成立了产业并购基金，深入布局大健康各细分行业，已经形成了大健康领域投资的全产业链。在医药健康领域，盛世景积累了丰富的产业并购经验，同时还依托自身的资本实力和投资经验，与步长制药合作，在专利中成药、化学药新剂型、先进生物医药技术方面开展全方位合作，助力中国制药行业的发展，为健康中国做出进一步贡献。

对盛世景来说，大健康产业是中国最具备前景的。行业的特点是各种创新层出不穷，但同时企业非常小非常散，所以需要企业内生的增长和外延的并购两条腿走路形成中国医药企业的巨头企业。从资本的角度来讲必须和企业协同一致共同发展，只有这样才能实现产业和资本的联动。

盛世景集团董事长吴敏文的投资经验是：大健康产业投资要有全产业链投资理念，要达到三位一体的体系，即 PE 眼光、投行思维和副董事长角色。如此，才能充分描绘资本和企业的融合。其中，所谓 PE 的眼光指的是预测能力，即投资者所在的领域细分领域未来的发展空间究竟有多大；投行思维则重视估值，要将投企业当作资产，定价就是资本进入的渠道；副董事长角色强调的是战略眼光，投资者要以副董事长的角色思考问题，比如：融资安排、资本运作、市值管理、产业并购等。

大健康产业链掘金的空间很大，是一个完全没有开发过的新的盈利模式，谁先推出，谁就能够获利。投资者要具备全产业链投资理念，密切关注所处产业，谨慎制定自己的投资计划。

医疗大健康产业未来发展趋势和方向

中国的医疗大健康产业,正在经历一场意义非凡与影响深远的变革。在这样一个承前启后、转型升级的关键时期,整个产业的主基调将是"大创新、大整合、大发展"。那么,资本如何把握这样机会,做产业布局型投资?下面我们来看看投资机构的成功做法。

● 大创新——资本助力研发创新

目前,我国在新药、医疗器械等注册审批流程原则上迈出改革的关键性一步,在借鉴美国FDA等机构经验的同时,主要还是鼓励技术与产品的创新。我国的医疗大健康产业正在以生产、销售为驱动的模式向以研发为驱动的模式进行延伸与拓展。鼓励创新、支持创新,将会成为医疗大健康产业发展的一个重要的主题。为此,很多机构整合多源化资源,为医药企业的研发创新提供资本助力。

案例1:幂方资本

幂方资本专注于医药健康与生命科学领域投资,总部在上海。公司业务遍布全国,在浙江、福建、江苏及江西等地设立及管理了多支股权投资基金。

管理资金规模近 10 亿元，目前已经完成了十几家企业的投资与并购。在医疗领域投资的公司有：美年大健康、泛生子基因、中源协和、博辉瑞进等。

案例 2：重山资本

重山资本是一家专注医疗健康领域的投资机构，在北京和硅谷设有办公室。重山远志医疗健康基金是重山资本旗下专注于医疗健康领域早期项目投资的人民币基金，主要投资于种子期、天使期、Pre-A 和 A 轮的早期团队；关注的细分领域有医疗服务、医疗诊断、医院诊所、新药研发、数字影像、器械耗材、移动医疗、健康保险、动物健康和食品安全；团队在医疗领域的投资案例有：拍医拍、博德嘉联医生集团、记健康、博敏达、叮叮医生、孕动力等。

案例 3：远毅资本

远毅资本是一家国际风险投资基金，首期包括一支美元基金和一支人民币基金，专注于投资医疗健康和创新金融技术领域的早期和成长期企业。在医疗健康领域，重点关注精准医疗、医疗器械、电子医疗、医疗服务、生物技术等具有颠覆性技术或创新商业模式的企业。投资过的企业有：云开亚美、维迈医疗、新康医疗、医学 V 直播等；团队曾投资过芯联达、华大基因、燃石生物、安诺优达等。

●大整合——资本助力并购整合

从现状来看，我国的医药生产型企业总体上都规模不大、创新力不足、以生产仿制药为主，行业整体上还没有摆脱"又小又散"的情势。

经过上一轮的医药企业并购大潮，医药大健康企业出现了两种发展趋势：一种是已成规模的平台型企业，它们会通过自身的发展与资源优势，继续推动产业整合，向全产业链公司这一趋势发展；一种是规模中等以下的企业，它们会围绕主营业务做专做深，成为某一产业链上的专业型公司。

当然，不管是向产业链上、下游进行整合延伸，还是在某一专一领域继续做大做强，都离不开产业并购整合与企业互助合作。在未来的发展趋势中，药企并购整合必然无法脱离资本，资本的力量也是巨大的。

为了有效推进大健康养生战略落地，2016年5月山东福胶集团与鲁信创业投资股份公司、威海市国有资本运营有限公司合作，设立了鲁信福威大健康投资基金，通过资本运营助力健康产业发展。该基金以福牌阿胶现有优势渠道、优势产品为基础，以阿胶品类能够延伸的慢病管理领域为方向，并购了OTC优质品种，拓展了销售渠道，实现保健养生概念的延伸，完成了健康管理增值服务的布局；另外，还积极寻找基于产业升级和技术革新的投资和并购机会，用资本运营助力大健康产业发展。

● **大发展——资本助力发展升级**

在国内市场需求增长、政策整顿鼓励的国内因素与中国医药企业逐渐走出去的国际因素等影响下，医疗大健康产业长期发展是看好的。我国医药上市公司总体规模，与发达国家水平相比，仍然有非常巨大的发展空间。同时，多领域、多技术与医疗大健康产业的结合也将引爆产业未来整体的发展。人工智能、网络信息技术等,给医疗大健康产业发展都带来了不同的机遇。

创业软件股份有限公司与网易(杭州)网络有限公司签订了《战略合作协议》,双方基于网易云的智慧医疗云服务平台和解决方案的基础上,在居民健康信息服务、医疗业务协同服务等方面开展合作。同时,康美药业与华大基因建立了合作关系,共建联合研究院和公司,推进中医药产业创新发展。

在医疗大健康产业"大创新、大整合、大发展"的主基调下,资本将继续助力产业技术升级,持续推动行业的横向及纵向整合,并通过结合不同技术领域的、不同社会层面的多元化资源,为整个产业的长期发展发挥力量。

红杉资本:医疗健康领域的投资理念与实践

红杉资本成立于 1972 年的硅谷,在美国、中国、印度、以色列四个国家都有本地化的基金,专注于早期和成长期的投资。到目前为止,大概投了 300 多家公司,其中 40 多家已经成功上市,部分企业已经成为产业的领导者。

在医疗健康方面,红杉资本的投资组合约有 50 个公司,共分为五类:1. 药业公司,如贝达药业、亿腾药业、JHI biotech、合全药业等;2. 医疗器械公司,如健帆生物、新产业生物、怡成、东方惠尔、奕瑞光电子等;3. 医疗服务公司,如京都儿童医院、安琪尔妇产科医院、北大康复医院、汉喜心血管医院等;4. 一些 PIPE 或偏二级市场的 deal,如鱼跃、无锡等;5 是移动医疗类项目,如杏仁医生、医联、冬日中医、挂号网等。

经过多年的医疗健康领域的投资,红杉资本已经形成了自己的投资理念,用非凡的业绩向人们展示了自己的实力。

● 红杉资本的整体投资思路

红杉资本认为,未来医疗健康行业是投资热点行业,并且各个子行业都有投资机会,细分下来可以简单划分为如下几大类。如表 6—1 所示。

表6—1 医疗健康各子行业的投资机会

事 项	投资机会
创新药	医药领域的创新药是投资的永恒主题,主要关注的是政策的环境和政策的变化,药审制度改革、医保谈判目录制度,当然还包括资本市场的完善。随着2017年的创新药研发等热点的兴起,红杉资本愈加关注创新性新药或者是高端制药与精准治疗相关的药物。
新兴医疗技术	包括医疗大数据、移动医疗、人工智能等,这方面的发展空间巨大,例如可以通过影像数据的积累再对新的影像做出自动诊断的人工智能或深度学习的项目等,这些进展都让红杉资本惊喜和期待。红杉资本在人工智能、医疗机器人、再生材料、慢性病诊治等方面都在积极地寻找投资机会。
诊断试剂	诊断试剂归属在医疗器械,但是现在经常把它单独提出来,因为细分市场里面机会是非常多的。诊断试剂的体量非常大,市场非常大,红杉资本在POCT、分子诊断等子方向也在积极地寻找投资机会。
精准医疗	现在精准医疗投资这个方向比较热,其实精准医疗的概念比较大,它包括精准诊断、精准治疗等很多相关的东西,这里面能够看的东西或者是综合利用的机会比较大。
康复养老	康复养老也可以说医疗服务,红杉资本投的医疗服务基本上都是以民营、专科、连锁为特色,并认为在各个细分领域如眼科、儿科、妇产科、康复、手术等都有投资机会。

虽然分了上面几大类,但红杉资本对各医疗健康子行业的机会都非常关注。医疗分类很细,特别是医疗新技术,按大病种来投也是有投资机会的。

红杉资本投了一家做肾动脉消融治疗顽固性高血压的项目,项目非常早,现在还在临床实验阶段,但该病种的人群基数却非常庞大,现有的治疗高血压的药物效果也不太好,顽固性高血压还无法通过药物来根治,数量庞大,使用新的医疗技术方法可以有效解决这些问题,红杉资本的这个项目具有一定的前瞻性。

就医疗健康行业的投资逻辑来说,红杉资本在这方面和其他行业差不多,主要是看以下几个因素。如表6—2所示。

表 6—2　红杉资本在医疗健康行业投资的逻辑

事项	含义
行业走向	即看子行业的未来预期走向,在这个子方向上进行一些布局或者是做一些长期的观察。比如说诊断试剂子行业红杉资本就非常看好,所以在诊断试剂的各个细分领域也都特别关注,如 POCT、精准治疗等。在这些认为未来预期会比较好的方向上,红杉资本会多花时间去观察不同的企业。
公司潜力	即看公司现有产品和未来产品管线的市场潜力,这个基本上就是对公司的产品类别做具体分析,每个现有产品的市场 potential 和未来 pipeline 产品的 potential 都会做个别分析。
管理团队	这是红杉资本非常在行的事情。当然,不同基金公司对同一个管理团队可能都有不同的判断。
财务指标	在增长性上,红杉资本的基本要求是要达到 30%。
退出的可能性	红杉资本比较看中退出的可能性,红杉资本是有期限的资金,最终投资之后还是要退出的,对退出可能性每次都会做一个详细的审慎调查。退出的可能性既包括独立上市,也包括被并购。对于退出,红杉资本有比较长的持有心态,比 TMT、消费等领域的持有相对都要长一些。长时间持有其实是一个平衡,是一个长期稳定增长的基线,也会带来很好的收益。
估值和回报	任何投资都有关注估值和回报的预期,红杉资本也一样。在红杉资本内部,不同行业之间都是同一个底线,会有一些弹性和机会成本要考量。

●红杉资本投资案例

以上是红杉资本在医疗健康行业的整体投资思路,接下来分享其两个案例,一个是失败的案例,一个成功的案例。从这两个案例中,我们也可以看到红杉资本在医疗健康行业投资的一些有益的思考。

红杉资本投的第一个生物医药公司是华瑞同康,时间为 2007 年年初。华瑞同康主要做的是癌症早期筛查,技术背景是瑞典卡罗琳医学院的一个研究团队 20 年的研究成果:检测血中的胸苷激酶 TK1 的含量,可以得知癌症风险。平时正常人的血液中没有这种酶,一旦出现细胞增殖或癌症,就会出现这种酶。2006年年底红杉资本开始接触这个项目，这个项目已经拿到产品证，同时拿到六个省的物价，在这六个省开始销售，已经有了销售收入。

红杉资本还做了一些审慎调查，但没有到瑞典卡罗琳医学院所在地瑞典去，主要是通过书面研究和访谈等方式了解。当时，同类产品不太多，福建新大陆虽然有筛查产品，但却是通过其他成分的检测来提示癌症的风险。还有一家香港上市公司叫铭源医疗，是根据12种肿瘤标志物在同一个芯片上同时检测的结果来提示肿瘤风险。当时，这几种产品都在销售，销售额有几千万元甚至上亿元规模。红杉资本觉得该产品靠谱，于是在2007年年初投资190万美元，买了部分老股并做了部分增资，占据40%多股份。最后，项目失败，红杉资本于2012年将其低价卖给了华瑞同康的经销商，仅收回了部分投资。

这个公司本身目前还在，其生存的现状虽然没有做大，但想死也比较难，因为它有一定特色的医疗产品，这些产品一旦拿到产品证，生存是没有问题的。但红杉资本后来是不想跟它浪费太多时间，因为拿回多一点、少一点对红杉资本来说都是失败，红杉资本不想浪费时间和人在上面，于是果断回收。

对于这个项目，红杉资本后来不断地复盘经验教训。红杉资本中国基金合伙人陆勤超总结了项目失败的几方面原因：

第一市场时机的问题。现在国家和各级医疗协会都在推广"预防"的概念，但是2007年依然以治疗为主、预防为辅。在2007年风险预警的医疗消费观念还处于早期，小公司做市场教育有一定难度。

第二红杉资本反省产品的问题。做审慎调查时，红杉资本重视的是理论依据和产品认证等方面，忽略了对技术路线和生产工艺的详细调研。在

2007年药监局出事之前，即使是拿到产品证的公司，也是良莠不齐的，有些公司通过公关就能拿到证。华瑞同康的技术路线和生产工艺缺陷体现了生物技术的复杂性，红杉资本需要一个试剂盒去检验血液里这种激酶的含量。在整个生产过程中，抗原株的选择、母鸡的选择和喂养、鸡蛋的选择和抗体的提取等都可能发生变化，继而对产品的有效性和稳定性造成影响。最终的结果就是，生产工艺存在缺陷，提取出来的抗原、抗体质量不太稳定。

第三，产品管线的问题。红杉资本投这个公司的时候只有这一个产品，其他产品基本上是零。当时说过要做一个结核杆菌的产品，但是一直没有启动。所以这是一个单一产品的公司，是产品管线弱。

第四，在管理团队问题。其创始人是瑞典卡罗琳医学院TK1研发团队一个华人教授的儿子，生物专业出生。多年来他一直专注于这件事情，相信自己能将这件事情做成功，但是专业和管理能力比较弱。

第五，政策的变化问题。红杉资本投资拿了六个省的物价，投资后，2007年药监局出现问题，基本上不作为。除了物价外，后期各方面的监管从严，对GMP认证和原二类试剂中所有肿瘤检测试剂改为三类认证的要求等，都提高了公司成本和更新难度。

总的来说，红杉资本对该项目的运作失败主要原因在于：对市场时机把握不对，对技术和产品的审慎调查不充分、"读人"的经验不足等。中间还经历过其他事情，包括尝试撤换创始人、想扭转公司局面等，但是后面证明还是比较失败的。经过这件事，红杉资本认为投人很重要。

红杉资本投的医疗健康的企业成功案例还是比较多的，比方说贝达药业、华大基因等都比较知名。但是如果说到净回报的话，有一个新三板的项目是回报最高的，这个项目叫新产业生物。下面就来分享这个成功的案例。

新产业生物上市之后并没有做市，但是有一些协议转让。刚上新三板的时候第一笔的协议交易是每股 60 元，时隔不久涨到每股 70 元，然后就上了每股 100 元，协议成交价约 148 亿元。红杉资本投资当时投了 1 亿元多点，如果愿意，2016 年初就可以拿回来近 30 亿元的回报。当时这个公司的情况是在新三板停牌，已经报了创业板，当然还是要排队。当时有很多公司来找红杉资本，想协议来买红杉资本在新产业生物的股份，但红杉资本当时选择不卖跟它继续走下去。

陆勤超总结了这个项目的投资经验，主要有以下几点：

第一，项目的成功让红杉资本对新三板的态度转为更加正面。开始时，红杉资本对新三板不太积极，后来发现对于优秀好的企业，新三板也是一个不错的平台。

第二，红杉资本对市场需求把握得比较准。新产业生物属于诊断试剂行业，市场很大，它做的东西是全自动化学发光，子行业是免疫类诊断的主流。免疫占到整个诊断里面 30% 以上，因此红杉资本选择了在诊断试剂里最大份额的子板块，这个子板块最主流的技术是化学发光技术。另外，调查还发现，该产品的市场需求是主流，非常强劲。

第三，新产业生物创始人非常强。总经理是个科研天才，在材料学和生物学方面都有着丰富的经验，是个典型的工作狂，是团队的灵魂人物。有个例子：红杉资本中国基金合伙人陆勤超跟他们的一个销售人员聊天，发现销售人员的底薪非常低。对方是检验科出身，学历不高，一直都在销售诊断设备。陆勤超问他，工资这么低，为什么还留在公司？他说，他对老总有信心，对公司有信心，并且觉得这个产品前景不错。沟通中，陆勤超感受到了对方的激情和对产品的渴望，让他对产品未来充满了信心。

综合来看，红杉资本在医疗方面的投资还是比较成功的，虽然现在正式退出的并不多，但是这些企业目前的发展都是正常的、健康的。

第七章 新常态下的智能制造：投资界的下一个风口

在当前新一轮科技革命与产业变革风起云涌之时，智能制造也掀起一波新的浪潮。"十三五"规划中已经将"中国智造"上升到国家战略层面，智能制造一定迎来崭新的发展机遇。本章从投资的角度出发，对智能制造的现状和未来投资机会进行了解读，指出智能制造是投资界的下一个风口，强调资本对制造业攀升价值链高端的助推作用，并对智能制造领域的投资热点进行分析。

智能制造是投资界的下一个风口

智能制造的产业发展是解决供需不平衡非常重要的突破口。从历史角度来看，当国家或者地区的供需产生大的不平衡时，不是进行科技突破，就是要发动战争，在新常态这个历史时点上，"十三五"规划已经将"中国智造"上升到国家战略层面，智能制造定然会成为投资界的下一个风口。

● **智能制造的万亿级市场**

"工业4.0"早已响应全球，而作为"工业4.0"的核心——智能制造也早已成为近些年来各界关注的热点话题之一。目前以信息技术与制造业加速融合为主要特征的智能制造成为全球制造业发展的主要趋势，贯穿于设计、生产、管理、服务等制造活动的各个环节，具有自感知、自学习、自决策、自执行、自适应等功能的新型生产方式。

从本质上来说，智能制造就是，将智能装备通过通信技术有机连接起来，实现生产过程自动化；同时，用各种感知技术收集生产过程中的各种数据，之后通过工业以太网等通信手段，上传到工业服务器，在 MES/DCS 软件系统的管理下进行数据处理分析，并与企业资源管理软件，提供最优化的生产方案或定制化生产，实现智能化生产。

智能制造在近几年的发展中，已呈现显著的投资逻辑。首先由于人力成本大幅上升，自动化生产线成本大幅下降，成本优势使得自动化生产成为所需。也正是由此，在一些地方"只要能用机器人，就不用人"的理念也逐渐成为共识。特别是长三角和珠三角的"机器人产业园"，受到政府的大力支持和推进，国家对于高端制造业国产化支持力度逐年加大，知识红利开始明显体现。

目前，我国智能制造产业已经迈入"万亿时代"。2015年我国智能制造产值在1万亿元左右，2020年预计能超过3万亿元，年复合增长率约20%。由此可见，未来智能制造领域的市场潜力是巨大的，会引来众多投资热点。而在智能制造所属的热点中，机器人、无人机、人工智能、3D打印、智能物流、智能家居等领域都将呈现出百亿级的市场前景。

● 智能制造时代的投资策略

所谓智能制造，其实就是"机器换人"的劳动力升级过程。目前，在智能制造的帮助下，"无人工厂"正逐渐普及，"机器换人"是大势所趋。除了趋势因素，我国政府在加快制造业智能升级方面不遗余力：出台《中国制造2025》《积极推进"互联网+"行动指导意见》《关于深化制造业与互联网融合发展的指导意见》，对我国智能制造的未来发展做出详细规划。政府还为企业的智能制造升级提供大量资金支持。此外，一些地方政府还推出相关的奖励办法，为企业实施智能制造提供了技术、人才、金融等全方位的服务和支撑。

与政府的积极推动相呼应，企业也在深入探究智能制造升级之路。目前，我国的智能制造企业领域已经涌现出一批前景可期的优质企业，他们正迎来属于自己的"黄金时代"。

广州东莞有家电子制造公司，为了减少用工数量，提高产品质量，闪烁着信号灯的机器没日没夜地工作，打磨着手机结构件，质效双高，整个车间只要3名技术人员对机器进行实时监测和远程操控即可。

在人力成本不断上涨的今天，和这家电子制造工厂一样，"无人工厂"正成为众多制造业的发展选择，智能制造也正成为推动制造业转型升级的重要力量。

在上海杨浦区有家成立多年的智能制造企业，参与制定了国家工信部"中国制造2025"中的多项标准。该企业的很多业务线已经逐渐铺开，包括机械、家电、汽车、物流等，凡是跟制造业有关的，智能制造都能参与其中，进行优化。目前，该企业不仅研发生产了智能制造机器产品，还建成了智能制造生产线；在软件技术方面，提供了互联网技术、智能制造软件系统与工业大数据算法等，打造出了一套上中下游的智能制造生态链，成为一个为智能制造系统提供解决方案的供应商。

这家企业在智能制造领域的探索，在提升劳动生产率和产品合格率的同时，也缓解了人力成本上升所带来的"用人危机"。

在政策的帮助下，智能制造必然会成为未来中长期最具增长潜力的产业领域。专业投资机构认为，智能制造领域的投资：

第一，工业本身属于稳步增长属性，如果想获取较高投资回报，就要正确判断智能制造细分领域未来发展阶段和趋势，研究与布局未来几年的热点和风口；

第二，投资新的变化与高速增长领域，比如：工业物联网、工业人工智能等；

第三，要投资为制造业升级改造提供工具与服务类的企业标的；

第四，对智能制造产业链上下游的投资布局，重点围绕已投企业进行开发，开展深度服务，提高投资回报。

将上述四个方面做好，就能用资金的力量驱动制造业创新发展，让投资者共享智能制造时代带来的红利。

资本助力制造业攀升价值链高端

制造业是支撑中国经济腾飞的主力军,面对劳动力成本上升和产能过剩等挑战,中国制造需要转型升级,向价值链高端攀升。发展高端制造业被认为是中国制造业重塑竞争力的契机。优先发展高端制造业,强化核心关键技术和共性技术攻关,已成为我国本轮经济转型调整的重要目标之一。在这一破局过程中,资本可以起到"四两拨千斤"的作用。事实上,承载着中国经济结构转型重任的高端产业链,已经成为资本市场的投资热点。

● **高端制造业的投资视角**

高端制造业是中国最核心的支柱产业,因此在投资视角上,一是站在中国看待全球制造业格局,二是从产业逻辑的角度,按照技术进步的路线来选取重点的领域和行业。

中国建银投资有限责任公司(以下简称"中国建投")以股权投资、产业经营为核心,具备完整的投资体系,主要业务涵盖投资、金融、不动产、科技咨询、文化传媒等领域。建投投资始终坚信,高端制造业是中国最核心的支柱产业;如果高端制造业不发展,在国际上缺乏竞争力,那么经济实力就无法从大国变成强国。因此，这些年建投投资一直都专注于高端制造业的投资。

该公司基本上不做市场套利，按照技术进步的路线来选取重点关注的领域和行业，让中国相关产业和企业能进入世界高端制造业的产业格局中，使中国企业在相关产业拥有话语权和地位。

近年来，中国建投秉持价值投资理念，在高端制造业领域进行了积极的投资布局，投资了诸多领域内的优秀企业，比如：汽车制造、工程机械、航空航天、电子信息、节能环保等；今后还将进一步围绕技术升级和消费升级两大投资方向，助力民生经济、支持国有企业改制、帮助国内企业国际化发展。

● **金融资本和产业资本的融合**

资本助力制造业攀升价值链高端，可以通过金融资本和产业资本的融合，实现双方共赢。比如，帮助产业企业进行战略制定和管理，在市场开拓、资本运作等方面支持产业，优化治理，为整合产业链价值的并购提供帮助。

2014年初，为促进经营方式转变，提高市场竞争能力，中国兵器工业集团（以下简称"兵器集团"）提出了"无禁区"改革的理念，作为集团公司"无禁区"改革战略中的重要组成部分，中兵投资管理有限责任公司（以下简称"中兵投资"）于2014年3月18日正式成立。中兵投资成立3年多来，以服务兵器集团改革发展、推动资源优化配置和产业结构调整为使命，采取市场化、规范化、专业化的运作方式，推进产业资本与金融资本的有效融合。

中兵投资先后投资持了兵器集团旗下4家上市公司的部分股权，包括：

北化股份、北方导航和江南红箭等。除了内部股权投资，还参与了中石化混改项目投资；同时，还对产业资源布局北斗导航产业链进行了有效梳理。

中兵投资的市场化管理体制和运行机制，是产业资本与金融资本紧密融合、协调发展的一个范例。

智能制造领域的五大投资热点

一般来说，生产智能化的实现要经过三个阶段：第一阶段是大力推行机器人，实现制造的自动化、信息化；第二阶段，通过工业互联网的建设、传感器等产品的应用，建立工业物联网，实现机器设备的互联化；第三阶段，通过人工智能的开发，机器视觉、人机交互、大数据等技术应用，实现制造的智能化。

依据麦肯锡公司《展望2025：决定未来经济的12大颠覆技术》报告，结合近几年全球智能制造产业发展的大趋势，智能化生产领域凸现出五大热点板块，即人工智能、物联网、机器人、智能汽车和3D打印。

● 人工智能领域投资机会

近年来，随着更多的数据、更快的硬件和更实用算法的出现，深度学习和底层技术框架神经网络取得了巨大的发展，人工智能也迎来了重要拐点。2016年，谷歌公司人工智能系统Alpha Go在人机围棋世纪巅峰对决中获得胜利，人工智能再次吸引了全球的目光。

人工智能的快速发展和在工业领域的应用，将会带动制造业的全面转型升级,真正实现制造的智能化。人工智能在服务和消费领域的应用,将会对人们的生活产生颠覆性的影响。根据研究机构 Tractica 的预测,到 2025 年,全球人工智能将增长至 368 亿美元。人工智能新创公司也在不断涌现,吸引投资者。据 Venture Scanner 咨询统计,2015 年全球人工智能公司就已经获得了近 12 亿美元的投资,超过了过去 20 年中 17 年的投资总和。预计 2020 年全球人工智能市场规模超千亿美元。

从技术上来说,机器视觉已经成为最具投资吸引力的人工智能方向。据专业机构统计,目前在人工智能领域,超过半数的技术类企业投资都在计算机视觉方面。某知名投行公司指出,未来几年,公司利用人工智能技术的能力将成为体现公司竞争力的重要指标,忽视了人工智能的应用和发展,产品创新、劳动效率和资本杠杆都会存在落后的风险。

2009 年 9 月李开复博士创办了创新工场,致力于早期阶段投资,为客户提供全方位创业培育,旨在培育创新人才和新一代高科技企业。创新工场在技术研发、培训、投资等多方面投入,最终目的是,让人工智能成为人类的工具,成为一个即插即用的工具箱。

其投资战略包括两个部分:第一部分,创新工场 7 年共投资了 300 多家企业,其中人工智能技术驱动的或以人工智能技术为导向的企业有 30 多家,约占投资总数的 10%,创新工场在人工智能投资领域继续布局、继续深入跟进。第二部分,创新工场创立了创新工场人工智能工程院,吸引了 Google、微软、Twitter 等一线工程技术大牛;为了培养人才,创新工场大量招聘毕业生、实习生。该训练营对学生完全免费,为他们提供教师资源、课程资源和导师资源。

● **物联网领域投资机会**

物联网就是"物物相连的互联网",是继计算机、互联网之后世界信息产业的第三次浪潮。物联网的出现,不仅可以提高经济效益,大大节约成本;还能够为全球经济的复苏提供技术动力。

当前快速的信息化为万物相连的物联网世界奠定了基础。2011年,仅有100亿台设备接入到网络上,2016年达到260亿台左右。国际数据公司(IDC)预测,2020年物联网系统产生的数据在整体数据中占比将提升至10%,这意味着未来创造数据的主角从人类扩展到设备,这些数据将具有巨大的经济价值。

工业设备的物物相连增速迅猛,未来工业物联网将作为非常重要的分支展现,可预见将来工业物联网会保持可持续的高速增长。物联网可应用的范围几乎覆盖了各行各业,交通、工业、零售、智慧城市等多个领域对物联网都有较大的需求,发展物联网并将其应用于这些行业,必然将产生巨大的经济效益。

资本市场有句经典名言:"资本是有嗅觉的,跟踪资本就是跟踪财富。"据风投数据公司 CB Insights 统计,自2012年以来物联网融资额连年增长,2016年已经达到46.3亿美元,资本正涌向物联网。下面有几个案例:

案例1:纵目科技

纵目科技是一家是汽车驾驶辅助技术(ADAS)软硬件方案提供商,拥有核心的汽车环视技术。在挂牌新三板的两天内，其通过定增方式完成了 1 亿元人民币 B 轮融资。目前，已有多款 ADAS 产品进入主流量产车型，并与多家整车厂和一级供应商达成长期战略合作伙伴关系。

案例 2：橙意家人

橙意家人是一家专注于远程健康管理领域的专业服务提供商，是便携式可穿戴设备的创业公司，最大的特色是对"医疗器械＋医疗服务"的绑定，其从呼吸慢病的远程医疗入手，在基层搭建了一个全流程闭环。

案例 3：达闼科技

达闼科技是一家云端智能机器人公司，创立了基于云端大脑和安全网络的云端智能机器人架构。率先提出并构建了结合人工辅助和机器学习的云端融合认知计算平台，应用到导盲等具有重大意义的领域；依靠这些核心技术，实现了独创的移动内联网云服务，为云端机器人的远程操控构建了信息安全保障体系，全球移动终端、智能设备和物联网产业带来了重大突破，已经受到金融、医疗、党政军、公检法司、大型制造业等多个行业得到认同。

●机器人领域投资机会

随着人类文明的进步，智能化成为未来工业发展的必然趋势。

工业机器人是智能装备的重要基础，机器人替代人工生产是未来制造业重要的发展趋势，是实现智能制造的基础。近年来，全球机器人市场规模不断扩大，亚洲是最大市场。据国际机器人联合会（IFR）统计，2015 年全球工业机器人销量超过24万台，同比增长8%；2006～2015年，全球工业机器人销量年均增速约为14%；亚洲是最大市场，中国、日本、韩国三国的工业机器人市场规模占全球工业机器人销量的47%。

随着老龄化社会的到来，人们对机器服务的需求猛增，这是移动时代人类需要的自然表达。目前，全球服务机器人市场处于起步阶段，随着大数据、人机交互等先进技术快速发展，服务机器人发展前景必然异常广阔。

根据IFR的统计，早在2014年，全球服务机器人市场的销售额就已经达到约59.7亿美元，专业服务机器人销量约为2.42万台，销售额37.7亿美元，销量同比增加11.49%，销售额同比增加5.6%。预计未来10年，全球服务机器人市场需求将会超过1万亿美元。

现实中，有许多机器人创业公司启动了种子轮、A轮、B轮、C轮、D轮的风险投资。资本的流向在一定程度上恰恰预示着机器人行业的火热程度。下面来看几例：

案例1：上海君屹

上海君屹以自动化系统集成交钥匙工程为主导，扎根于汽车装备、新能源电池装备、激光应用领域，已经实现了工业机器人应用领域多元化布局。2017年1月9日，与中国通用技术集团签署B轮投资协议，该轮投资完成后，中国通用技术集团成为君屹第二大股东。

案例2：速感科技

速感科技成立于2014年7月，是一家以机器视觉为核心的机器人行业视觉解决方案提供商，主要是帮助行业用户利用低成本、高效的视觉融合方法来解决空间中智能设备的感知、定位、导航、规划等关键应用问题。成立之初，速感科技获得了点亮资本数百万元的天使轮投资；2015年，完成了Pre-A轮融资，投资方为英诺天使基金。2017年2月24日，完成数百万美元的融资，本轮融资由美国中经合集团领投，启迪之星、赛富亚洲、深圳弘升基金等机构跟投。

案例3：武汉库柏特

武汉库柏特成立于2016年5月，其通过核心学习算法和专用控制软件针对客户的不同需求进行定制化设计和开发，可以应用于上下料的无序分拣、手机或者航空叶片的力控打磨、智能示教、智能贴标以及零件装配等场景。2017年3月，库柏特获得经纬中国4000万元A轮投资，主要用于其在工业、制造业的市场布局。

案例4：斯坦德机器人

斯坦德机器人的创业团队组建于2014年，总部位于深圳，业务主要集中在三方面：为移动机器人整机厂商提供核心技术模块及开发支持、为工业自动化系统集成商提供标准移动机器人平台及端到端产品解决方案、为行业优势客户提供整机应用开发及定制开发服务。2017年6月21日，公司获得数千万人民币Pre-A轮融资，由合创资本领投，松禾资本和要弘创投跟投。融资完成后，会加速在工业领域的布局。

● 智能汽车领域投资机会

智能科技正在开启全新的未来汽车世界，这是汽车产业面临的一场新的革命。目前，全球智能汽车产业市场规模已突破 300 亿美元，发达国家加快发展智能汽车，抢占技术和市场制高点，美国、德国、日本等智能汽车产业快速发展，谷歌、沃尔沃、博世等技术领先企业的自动化驾驶汽车也已经开始路测。

根据专业机构的预测，2020 年将成为无人驾驶汽车商业化元年，并从此进入爆发式增长期。2025 年全球无人驾驶汽车销量将达到约 20 万辆，2035 年将达到约 1100 万辆，无人驾驶汽车保有量将达到约 5000 万辆，其中，中国为 24%，该市场极具诱惑力。目前，很多企业都陆续公布了自家无人驾驶汽车上市时间表。

案例 1：智驾科技

智驾科技 Maxieye 是一家专业从事汽车高级辅助驾驶 ADAS 产品与自动驾驶系统开发的公司，目前核心产品包括：车道偏离报警、车道保持、前车碰撞预警、行人碰撞预警、自主紧急制动、智能远近光切换、自适应大灯系统等。如今，Maxieye 已经完成了首台自动驾驶汽车的系统开发和测试。2017 年 6 月 13 日智驾科技 MaxieyeTech 获得数千万元 Pre-A 轮融资，由理成资产和壹号资本联合领投，君子兰跟投。

案例 2：出门问问

2017 年 4 月 6 日，中国初创企业出门问问获得大众汽车集团（中国）独家 1.8 亿美元 D 轮融资。两家公司正式建立合作伙伴关系，共同成立一家合资企业，在汽车领域展开合作。该合资企业由大众汽车（中国）投资有限公司（VCIC）与出门问问科技有限公司共同持股，双方各持 50% 的股份，致力于研发并应用车载人工智能技术。出门问问核心的 AI 技术有语音识别、智能推送、语义分析、垂直搜索、文字转语音，系出门问问自主研发的技术；出门问问将软件、硬件和服务等进行了深度整合。

● 3D 打印领域投资机会

3D 打印是一项颠覆性的创新技术，引发了生产模式的大变革，被美国自然科学基金会称为 20 世纪最重要的制造技术创新。技术体系的完善、应用领域的拓展，以及产业链的形成，促使全球 3D 打印市场实现了爆发式增长。据前瞻产业研究院统计，2015 全球 3D 打印行业市场规模为 51.65 亿美元，年复合增长率超过 30%，预计到 2018 年市场规模将超过 110 亿美元；2015 年我国 3D 打印市场规模为 78 亿元，年复合增长率近 70%，预计到 2018 年 3D 打印市场规模将超过 200 亿元。

3D 打印技术提供了大量机遇，不仅仅体现在制造领域，还包括其他领域。来看看下面几个案例：

案例1："铭展"的3D打印机

成立于2009年的杭州铭展网络科技公司（以下简称"铭展"）是3D打印机的生产者和代理商。其不仅是三维立体打印机生产商3DSystems部分产品的中国区代理服务商，还在开源3D打印技术的基础上制造出了个人3D打印机系列，批量生产经济型家用打印机，为设计师、工程师、科技人员和普通爱好者体用了便利。此外，还建立了"我爱3D"设计作品分享社区，更多的人能够参与3D打印作品的创新和分享。

案例2：宝岩的3D打印机

南京宝岩自动化有限公司自主研发了3D打印机，既能印手机座、茶杯、梳子等生活用品，也有冰柜大小的大型彩色3D打印机，可以用来打印齿轮、螺帽和零部件等模型，市场售价为1万元~25万元。

案例3：实威国际的3D打印机软件

实威国际的总部位于台北，主要为用户提供3D打印机相关软件，产品涉及3D设计软件、3D产品文件编写，可以提高客户建立2D、3D图档和动画的能力。在2012年8月举办的台北国际模具暨模具制造设备展上，实威国际展出了Solidworks系列软件，能帮助制造业企业缩短研发时间。

如今，3D打印机的市场需求增长迅速，市场规模不断扩大。

2017年4月到6月，全球范围内发生了多起3D打印的投融资案例，从中可以看出未来的行业发展方向：

按需制造平台 Xometry 获得通用宝马等 1 亿元投资；

美国 3D 打印机制造商 Robo3D 获得 900 万元投资；

金属 3D 打印巨头挪威钛获得美国公司投资；

Nano Dimension 获得 3 千万元投资，并增发 400 万元普通股票；

3D 打印镜片公司荷兰 Luxexcel 获得 1000 万美元投资；

3D 打印后处理很有市场，美国 PostProcess 公司获得 2700 万元投资；

钢铁巨头 Kloeckner 投资 7500 万元，入股大型 3D 打印机制造商 BigRep；

GE 投资 1 亿元，在德国建 3D 打印客户体验中心，推出新款 3D 打印机；

3DSystems 参与投资医疗 3D 打印公司 Parsippany，总额为 1.2 亿元；

……

3D 打印技术提供了大量机遇，不仅仅体现在制造领域，还包括零售、医疗健康和其他领域。

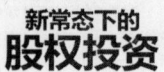

金葵花资本：坚定看好高端制造

金葵花资本管理有限公司（以下简称"金葵花资本"）成立于2014年7月，是中国金融资产管理格局中极具竞争优势的跨境高端资产全方位管理平台，总部位于北京中央商务区CBD。公司致力于投资境内外最具价值潜力企业，集股权投资、基金管理、证券市场投资等业务于一体，以优质资本助力产业发展，同时为高净值客户提供专业金融投资服务，全力打造投融资双方共赢平台。经过近几年的投资实践，金葵花资本愈加坚定地看好高端制造。

● **金葵花资本对《中国制造 2025》战略的解读**

金葵花资本认为，中国是制造业大国，多数上市公司都跟制造业有关。再加上国家也提出了《中国制造 2025》战略，可以说国家提出的产业升级经济转型中最核心之一就是制造业的转型。

对于《中国制造 2025》战略这个热门话题，金葵花资本思考它出台背景主要基于两点：1. 国内红利劳动力和原材料成本逐渐上升，制造企业被迫要进行升级；2. 传统的制造强国都有制造业的战略，这些概念都对我国的制造业起到非常大的刺激作用，所以中国想进行追赶，必定要花更多精力投入。

基于大背景，产业各巨头都在布局，传统的制造巨头西门子、通用以及海尔，他们布局了互联网，现在的制造业范畴已经不再单一，它和多个行业进行深度的融合，预计将来产业的格局会越来越复杂，投资结构也会越来越复杂。

●坚定布局先进制造领域

金葵花资本的投资领域横跨新能源、新科技、高端制造、医疗大健康、人工智能等，并且重点关注先进制造、人工智能等领域，在较短时间内业绩获得快速增长，这是其入选"2016年度中国最具成长潜力私募股权投资机构TOP10"榜单的主要原因。

2017年4月12日至14日，第11届中国投资年会年度峰会在上海金茂君悦酒店盛大开幕，金葵花资本凭借扎实的团队表现和稳健的业绩提升，获得"2016年度中国最具成长潜力私募股权投资机构TOP10"奖项。同时，已投项目中科盛创入选"2016年度中国先进制造与高科技产业最佳先进制造领域投资案例TOP10"榜单，金葵花资本投资的实力获得行业认可。

中科盛创全称中科盛创（青岛）电气股份有限公司，总部设在青岛，由一支专业研发电机、精于电机制造工艺、善于解决用户难题的创新团队和业界精英共同创建，专业从事大型、特种、高效电机的研发、制造和销售，2015年12月在新三板成功挂牌上市。

高端制造业是金葵花资本关注的领域，中国是一个人口众多、市场巨大的国家，制造业的增加值约占到总 GDP 的 30%，2016 年 GDP 总额约为 75 万亿，即占有 20 万亿元的市场。所以，各细分领域的机会有很多，金葵花资本投的企业，比如：风能发电机，利润和现金流都非常好。

  从投资策略来说，涉及到高科技领域的，金葵花资本也在海外做了一些布局，比如：发过海外创投里的高科技基金，投资标的涉及到无人机芯片。从技术角度来说，金葵花资本愿意把它投到海外标的去，当然从找标的的角度来说，金葵花资本是国内外兼顾的。

第八章 新常态下的新兴技术产业：不可忽视的投资良机

国家制造强国建设战略咨询委员会在2015年10月制定了《中国制造2025重点领域技术路线图》强调重点加快人工智能、新一代信息技术、物联网、新能源汽车、生物医药、机器人和3D打印七大战略性新兴产业领域发展，这标志着新兴战略产业框架已经成为了定局。根据这份路线图，2020年这些新兴技术就有望在日常生产和生活中广泛被运用，而到了2025年，这些新兴产业有望通过技术升级，实现生产效率的进一步提升。毋庸置疑，投资机构不可忽视其中的投资机会。

新常态下新兴技术产业的发展

所谓新兴产业是指，随着新科研成果和新兴技术的发明应用而出现的新部门和新行业。现在，世界上讲的新兴产业主要是指电子、信息、生物、新材料、新能源、海洋、空间等一系列新兴产业部门。我国的新兴产业是指，国家战略性新兴产业规划及中央和地方的配套支持政策确定的7个领域，具体包括：人工智能、新一代信息技术、物联网、新能源汽车、生物医药、机器人和3D打印。

● 中国的新兴产业革命已经来到

有的投资者认为，新兴产业在关键技术方面还存在一定的缺陷，未来产业化也存在较大的不确定性，中国经济的支柱行业发展速度不会那么快。其实，是投资者低估了这些行业快速发展的速度。

国家制造强国建设战略咨询委员会在2015年10月制定了《中国制造2025重点领域技术路线图》，参与人员有48位院士、400多位专家和相关企业高层管理人员，对于新兴产业未来的发展趋势具有很强的参考价值。从这份路线图中可以看出，到2020年以前，这七大产业可以在社会生活和生产中得到普遍运用。

具体来说,在人工智能方面,能研发出人工智能的软件技术,可以实现知识获取和运用、情景感知、模式识别等一系列功能;在新一代信息技术方面,能研发出具有储存和处理功能的云端工业数据处理软件;物联网上,可以实现RFID芯片和读写设备的大规模运用;新能源汽车中,可以实现私人领域的小批量运用,在公共服务领域则实现大批量普遍运用;生物医药上,可以实现对重大疾病治疗药品和技术研发的关键突破;机器人方面,可以让工业机器人在制造业得到大规模运用,实现服务机器人与智能家电的融合;增材制造方面,能够实现一般装备的3D打印,提高制造业的效率。

而到了2025年,这些新兴产业还可以通过技术演进,实现生产效率的进一步提升。人工智能,可以自主进行决策和执行,可以进行视觉感知;新一代信息技术,则实现覆盖全产业链生产的工业大数据平台;物联网在制造业得到广泛运用;新能源汽车实现在私人领域的大批量运用;生物医药,到2030年前可以自主研发出一批防治重大疾病的重大新药;机器人,可以使工业机器人整体小型化,并实现无人生产,而服务机器人则与人工智能结合,实现类人功能;增材制造可以实现高端装备制造业精密复杂件的打印。

● **新常态下新兴技术产业的发展**

发展是解决中国所有问题的关键。新常态下，我国新兴产业的发展有着众多不可多得的机遇。不论是宏观政策，还是国内市场，甚至国际方面，都有利于我国新兴产业的发展。下面，我们就来看看新常态下人工智能、新一代信息技术、物联网、新能源汽车、生物医药、机器人和3D打印等七大新兴技术产业的发展成果，其中也包括一些投资案例。

人工智能的重要意义在于，能够对各行业和领域效率带来指数级提升推动作用。技术具有一定的复杂性，发展定然不会一蹴而就，必然要经历一个由点到面、由专用领域到通用领域的历程，通用领域的人工智能实现还比较遥远。截至2016年11月，数据统计显示，全球1485家人工智能公司可以划分为：深度学习机器学习（通用）、深度学习/机器学习（应用）、自然语言处理、计算机视觉/图像识别（通用）、计算机视觉/图像识别（应用）、手势控制、虚拟私人助手、智能机器人、视频内容识别、内容感知计算、语音识别、推荐引擎、语音到语音翻译等13个细分领域。近5年内，专用领域的定向智能化将是人工智能主要的应用发展方向。如果人脑芯片等硬件架构能有所突破，或许在更远的将来，运算能力也可以极大地提高，如此专用智能就可能逐步进化成跨场景、跨上下游应用的通用智能。

2017年，人工智能在技术上迅猛发展，智能语音、智能图像、自然语言处理、深度学习等技术越来越成熟，逐步渗透到人们的日常生活。

总的来说，2017年人工智能深远地影响了全球各个科技领域的创新，持续改变着消费者、企业和机器的交互方式，刺激着科技市场成长和革新。

现在，越来越多的企业开始关注人工智能，每个行业的企业都在试图找出如何更新解决方案来利用人工智能，或者如何找到新的有趣的解决方案来利用这项技术。

在传统的零售市场分类里，女性客群的体型、性格、文化程度、品味偏好等基本迥异，有着完全不同的服装购物体验，这也是人工智能技术在未来零售体验中应用的发展方向。

以虚拟试衣为例，解决的需求共有两层：一层是"合身"，一层是"搭配"。这类试衣APP大多采用标准模特身形，部分APP具有换脸功能，能够将用户的头像简单拼接到模特头像中去，但目前这项技术还不成熟，因为用户自拍的角度都不同，直接拼接到模特头像上，会显得不自然。

搭配类虚拟试衣APP吸引用户的核心点在于，如何在浩瀚的网络服装库中找出特定用户可能感兴趣的单品，唤起用户搭配的欲望，并推动下单。美国有一家专门做服装搭配订阅销售的公司Stitch Fix，人工智能化的做法是让用户在网上填写体型、预算、穿衣风格等问卷，通过算法向用户每月发一个符合其风格和预算要求的服饰包裹，包括服装、鞋和配饰等。如果喜欢，用户就可以留下；如果不喜欢，就可以在3天内退回，邮资由Stitch Fix负责。

新一代信息技术方面，未来新信息技术在云计算、大数据和物联网等领域有很多创新和发展的空间。近年来，新一代信息技术步入加速成长期，传统信息技术产业不断与新技术、新业务形态、新商业模式互动融合，带动产业格局的深刻变革。伴随着大数据、移动互联、云计算等信息技术的应用推广,我国信息技术服务业向服务化、网络化及平台化模式发展,产业规模持续扩大,集聚效应日益明显,企业创新能力和国际竞争力不断提升,成为我国重要的经济增长点。

海尔集团把自主研发的工业互联网平台COSMOPlat平台看作物联网时代商业模式人单合一得以落地的三大平台之一。目前,COSMOPlat已经具备了从大规模定制到个性化定制的条件,在用户层面,其以用户需求为驱动,为用户提供最佳体验;在企业层面,此平台承接并引领了百万级数量的中小企业的转型升级。

目前,海尔已经建成沈阳冰箱、佛山洗衣机、胶州空调、青岛中央空调和智慧厨房等9大互联工厂,生产效率提升了60%,用户定制占比达到16%,客户定制占比为52%。海尔已经将互联工厂样板向全球108个工厂推广,实现了全球范围内的大规模定制模式。

从这个意义上来说,COSMOPlat是全球最大的面向用户的大规模定制平台。

物联网在2009年首次写入中国政府工作报告,在"感知中国"理念指引下,相关国民经济各个行业、社会和生活各个领域均得到全面发展和长足进步,让我们切身感受到了物联网为我们带来的改变。

上海浦东国际机场率先将物联网传感器产品应用到防入侵系统中,该系统铺设了3万多个传感节点,覆盖了地面、栅栏和低空探测,可以有效防止翻越、偷渡、恐怖袭击等攻击性入侵。其中,ZigBee无线路灯照明节能环保技术的应用,是一大亮点。园区所有的功能性照明都采用了这一技术,实现了无线路灯控制。

新能源汽车现在已经开始应用,自2009年以来,中国先后有90个城市成为新能源汽车示范推广城市。传统汽车在给人们带来出行便利的同时带来了污染和雾霾,随着环境污染的加剧,淘汰传统汽车发展替代汽车的压力会越来越大,因此未来混合动力汽车和纯电动汽车会逐步替代传统的燃油汽车,并创造出一个巨大需求。

北京市新能源乘用车销量呈现总体增长趋势。具体表现为:2014年7月发布了新能源汽车免购置税政策并于2014年9月开始执行,致使销量由8月的28辆激增到9月的724辆;2014年12月新能源汽车上牌数据骤增,与年末汽车销售高峰、2015年新能源汽车补贴退坡等因素有关。

2015年,前3个月新能源乘用车上牌数据较少,这和汽车行业全年销售季节性波动一致。随着出租车置换补贴和专用车补贴的发布,新能源乘用车上牌数据呈现良好增势;12月23日北京市发布《北京市新能源小客车公用充电设施投资建设管理办法》指出:鼓励各类社会资本参与充电基础设施建设运营,不对充电设施建设主体进行准入限制;充电收费必须支持银联卡支付方式,鼓励ETC、市政交通卡等多卡通用支付;到2017年,北京市在六环范围内已基本形成平均服务半径5公里的公用充电网络。该办法为提升北京市基础设施建设步伐提供了支持,增强了电动汽车潜在消费者的购买和使用信心,进一步激励了北京新能源汽车市场发展。

在生物医药方面,新生物技术尤其是基因技术会是从根本上改变传统生产方式的技术手段；在医学上，提供新的疾病诊断手段和治疗方法；在农业上，研发出了生存能力更强、产量更高的农业品种，并通过新的生物肥料生物除草剂等手段，解决了全球的粮食问题；新的康复技术和生物手段，不仅提高了老年人生存质量，也创造出一个产值巨大的产业；在生物化学生产中，新的生物技术彻底改变了传统的生产模式，用更低的成本能够生产出质量更好的化学产品。

某制药企业，由于公司发展需要，需要使用全球研究的高性能计算软件和系统来支持大型数据分析、研究项目、临床分析和建模。通过云服务商的分析，他们最终选择了私有网络VPC，具体运作方式是：通过自定义计算环境中的"作业调度程序"来识别VPC工作负载，根据需要启动和停止实例来处理工作流，最后实现了大型数据分析研究的建模。

腾讯云VPC是在腾讯云上自定义的逻辑隔离网络空间，与用户数据中心运行的传统网络相似，托管在私有网络内的是用户在腾讯云上的服务资源，如云主机、负载均衡、云数据库等。用户可以掌握自己的私有网络，包括自定义网段划分、IP地址和路由策略等，并通过安全组和网络ACL等实现多层安全防护。同时，用户还能通过VPN或专线将有网络与自己的数据中心成功连接，灵活部署混合云。通过使用VPC的服务，降低了企业的研发成本，将这部分的成本转用在其他研发投入上，是对用户的最大产出。

在机器人方面，随着我国人口红利的消失和刘易斯拐点的临近，劳动力成本上涨会成为一种长期趋势，此时在工业生产过程中甚至餐饮服务业中发展机器人用来替代人工，降低劳动力成本会成为一个趋势。

机器人领域，焊接机器人又名机械手，这项技术已经成为一种标准设备，广泛运用于工业界；焊接工人是一种技术工人，工资也在逐年上升，很多企业不得不寻求其他解决办法。

机器人焊接自动化能给企业带来什么好处呢？来看下面的案例：

常州海宝焊接机器人响应时间短、动作迅速，焊接速度在60厘米/分钟~120厘米/分钟，此度远高于手工焊接（40厘米/分钟~60厘米/分钟）。在运转过程中，机器人不停顿、不休息，但是工人上班时却无法长期连续工作，同时工人的工作效率还会受到心情等因素影响，会请假、发呆、聊天，加班要给加班工资，机器人却没有上述问题，只要满足了外部水电气等条件，就可以持续工作，这就在无形中提高了企业的生产效率。

在焊接过程中，只要给出焊接参数和运动轨迹，机器人就会精确地重复此动作，焊接参数如焊接电流、电压、焊接速度和焊接干伸长度等对焊接结果起着决定作用。采用机器人焊接时，每条焊缝的焊接参数都是恒定的，焊缝质量受人的因素影响较小，降低了对工人操作技术的要求，焊接质量是稳定的。而人工焊接时，焊接速度、干伸长等都是处于变化中的，无法保证质量的均一性。

常州海宝机器人降低企业成本主要体现在：在规模化生产中，一台机器人可以替代2~4名产业工人，根据企业具体情况，有所不同。机器人不会感到疲劳，可24小时连续生产；另外，随着高速高效焊接技术的应用，机器人焊接成本更加降低。

机器人可重复性高，只要给定参数，就会永远按照指令去运作，因此机器人焊接产品周期明确、容易控制产品产量；此外，机器人的生产节拍是固定的，可以合理安排生产计划，使企业的生产效率、资源的综合利用做到最大化。

如今，3D打印已经出现在2015年5月8日国务院正式印发的《中国制造2025》中。在该规划中，3D打印是新兴技术的代表，全文中共出现6次，贯穿于背景介绍、国家制造业创新能力提升、信息化与工业化深度融合、重点领域突破发展等重要段落，并融入推动智能制造的主线。如此，不仅体现了我国对3D打印的重视程度，还彰显了在战略层面我国对制造业发展面临的形势和环境的深刻理解。

3D打印的产业链包括5个环节，分别为：软件、材料、装备、制造和应用。这个环节中，涉及的重要技术需求包括：开发专用的、对应的生产工艺，以及相关的高端3D打印装备。在整个产业链条中，还有3个非常重要的部分贯穿其中，分别为：数字链路、科技服务和可持续发展。其中，不间断的数字数据链路可以实现产品从设计、加工制造、到最终装配、检测全流程的自动化、智能化，是"数字化制造"的核心；科技服务，能够为3D打印相关企业提供所需的配套服务，包括：教育培训、咨询、售后、宣传等等，促进3D打印产业的发展；材料的回收、能源高效利用、从源头保护生态环境等，可以实现3D打印产品和系统全生命周期的绿色低碳、和谐协调、可持续发展。

下面来看一个3D打印技术在房子装潢方面的应用案例：

3D打印建筑打印装配式建筑，完全颠覆了传统的建筑工地嘈杂无章、尘土飞扬的形象。只要一张图纸、一台电脑、一台打印机，就能打印出一栋栋带内、外装饰、保温、机电、结构一体化、可以居住的房子。

打印房子的过程如同挤奶油：将建筑与用油墨从打印喷头中挤压出来，连续打印一层层叠加，每层厚度为0.6厘米~3厘米；多层叠加后，就能形成一块数米高的建筑构件，多个建筑构件能拼成一个完整的房子。

根据结构设计的要求，3D打印墙体可以设计成空心的墙体构件，不但能减轻建筑本身的重量，还可以在其中加入保温材料，让墙体成为自保温墙体；根据要求，设计不同的墙体结构，预留梁、柱等浇筑空间，就能一次性解决墙体的承重结构问题。

战略性新兴产业的"钱途"版块

所谓战略性新兴产业,它是以重大技术突破和重大发展需求为基础,对经济社会全局和长远发展具有重大引领带动作用,知识技术密集、物质资源消耗少、成长潜力大、综合效益好的产业。根据战略性新兴产业的特征,立足我国国情和科技、产业基础,现阶段重点培育和发展的战略性新兴产业包括节能环保、新一代信息技术、生物、高端装备制造、新能源、新材料、新能源汽车等产业。

当前,我国最受关注的新兴产业是战略性新兴产业,因为这些新产业代表着国家在国际上的战略竞争力。2017年以来,对于战略性新兴产业在支持政策和投资力度上都大大提升。年初,国务院印发了"十三五"国家战略性新兴产业发展规划,为战略性新兴产业的发展明确了时间表和路线图。规划明确,到2020年形成新一代信息技术、高端制造、生物、绿色低碳、数字创意5个产值规模10万亿元级的新支柱产业。

2017年6月15日,国家发展改革委与国家开发银行签署了《关于支持战略性新兴产业发展的战略合作协议》。按照协议,国家开发银行"十三五"时期将安排不低于1.5万亿元融资总量支持战略性新兴产业。如此,不仅可以进一步优化营商环境，强化创新服务体系建设，还能加快推动新旧动能接续转换。

数据显示，2017年上半年年主营业务收入在2000万元以上的工业战略性新兴产业和高技术产业增加值同比分别增长10.8%和13.1%，分别高于整个规模以上工业3.9%和6.2%。尤其是信息技术服务业同比增长21.0%，利润同比增长81.9%。人工智能、机器人、无人机、城轨、新能源汽车、光电子器件等新兴工业均保持高增长，带动了固定资产投资，电子设备制造业上半年投资同比增加了27.4%，远高于制造业平均值5.5%。

投资战略性新兴产业，要关注以下5个有"钱途"的版块：

● **新材料领域投资**

工信部出台的《中国制造2025》明确提出，新材料是十大重点发展领域之一；国务院的《"十三五"国家战略性新兴产业发展规划》提出，要发展新材料提质和协同应用工程：加强新材料产业上下游协作配套，在航空铝材、碳纤维复合材料、核电用钢等领域开展协同应用试点示范，搭建协同应用平台。

石墨烯是"新材料之王"，其产业化处于世界领先地位，快速推动着制造业升级转型。专家预测，2020年石墨烯会撬动万亿元产业链。如今，石墨烯国家标准已制定完毕，石墨烯产业发展有望提速；同时，碳纤维、超导材料也是政策支持对象。下面是中科电气的案例：

随着中国国际石墨烯创新大会的热浪来袭，石墨烯板块吸引了众多投资者的关注，石墨烯牛股也不断爆粗。2017年9月20日，湖南中科电气股份有限公司（以下简称"中科电气"）涨幅10.02%，报11.09元，DDE大单净流入3.40亿元，主力资金大幅流入，后市或继续走强。该股盘中开板9次，最高封单量2625.19万股，截至收盘封单量130.21万股。9月24~26日南京召开了中国国际石墨烯创新大会，大会以"全球化的合作与分工"为主题，设立了五大专题论坛，分别为：石墨烯国际合作、石墨烯检测、标准与专利融合、国家制造业（石墨烯）创新中心模式研讨、石墨烯产业的投资与并购、石墨烯资源利用；涉及到的议题包括：具有产业化前景的项目，石墨烯的检测方法、技术，石墨烯的评价，石墨烯标准等内容，以及国家对石墨烯应用示范基地的政策扶持，创新服务平台的建设，各基地建设经验交流等。

中科电气前身为岳阳中科电气有限公司，主营业务为连铸EMS设备、起重磁力设备，分别占公司营业收入的84%和13%，连铸EMS设备为公司主导产品。公司在磁电技术深耕，以电磁冶金技术为核心，建立了广泛的产学研合作关系，搭建了多场耦合数值模拟分析平台。中科电气的优势是题材多，有锂电池、石墨烯、高送转等概念，石墨烯从产业链来说也是跟特斯拉相关的；另外，高送转刚除权，股价很低，受到游资的青睐。

● **人工智能领域投资**

人工智能是人类在思维、记忆、视觉、听力、触觉等方面能力的扩展与延伸，已经陆续渗透到工业、医疗、家居等各行各业，比如：Google、百度、苹果、英特尔等纷纷进入人工智能研究领域，国内的智能制造、光电识别等企业也开始涉足机器视觉、深度学习等技术领域。

人工智能有着巨大的发展空间，在政府的推动下，国内相关上市公司也将迎来发展契机。以智能客服和聊天机器人为代表的认知智能技术逐渐出现了萌芽，并在与人的沟通过程中不断完善和进步。

人工智能技术首先从专业性较强的细分领域开始应用，随着数据库的积累和算法进步，渐渐拓展到生活中的各领域，汇聚成通用智能。这一过程中能够带动多产业的发展，逐步打开万亿级别的市场。

由于技术的复杂度，未来5~10年内，专用领域的智能化会成为AI（人工智能）应用的主要方向；在更远的将来，随着技术的进一步突破，还可能实现通用领域的智能化。当然，无论是专用，还是通用领域，人工智能会围绕"基础资源支持-AI技术-AI应用"这三层基本架构形成生态圈。

未来，通用智能时代，进入门槛最高，护城河最宽的是底层AI资源支持的平台企业；其次是技术层中在细分领域具备核心竞争力的领先企业；门槛最低的是应用层的企业，但消费电子的产品属性也将允许差异化竞争的空间，并将引发新一轮IT设备投资周期，智能化的大潮即将来袭，万亿元的市场规模值得期待。

2017年4月13日，由投中信息、投中网联合主办的第十一届中国投资年会，年度峰会在上海金茂君悦酒店火热进行，2016年度产业榜单于当晚揭晓，方正和生投资项目Next VR被评为投中2016年度中国先进制造与高科技产业最佳人工智能领域投资案例TOP10。

方正和生投资有限责任公司是方正证券股份有限公司的全资子公司，是经中国证监会批准从事直接股权投资业务的专业性金融投资机构，连续多年荣获中国最佳券商直投 TOP10 称号。方正和生致力于对有核心竞争力和持续成长性的优质企业进行股权投资，为目标企业定制多元化的投资增值服务为核心特色。金融业务范围包括：证券、期货、公募基金、投行、直投、信托、财务公司、保险、商业银行、租赁等。

2016 年 8 月，方正和生参与了 NextVR 的 B 轮融资。融资完成后，NextVR 有望成为 VR 直播领域的第一只"独角兽"。作为 Next VR 在中国地区的主要投资者之一，方正和生首次进军 VR 领域。入股 Next VR 之后，方正和生结合已投泛娱乐公司，将与 Next VR 共同探索协同合作，继续在文化娱乐和高科技产业加深布局。

Next VR 成立于 2009 年，在 VR 直播相关领域拥有多项技术专利，是全球范围内率先综合解决画面品质与带宽要求这一痛点，实现高清画面与沉浸式体验的 VR 直播公司。目前，Next VR 已经与美国篮球协会 NBA、美国橄榄球联盟 NFL、福克斯 Fox 等知名 IP 方展开了合作。

● **脑科学领域投资**

随着人脑工程相关技术的进一步突破，人脑上市公司的估值或将得到进一步提升。下面来看几案例：

案例 1：复旦复华

复旦复华是 A 股人脑概念龙头。公司的"人脑动态建模、定位与功能保护新技术及其在神经导航中的应用"曾获国家技术发明二等奖。该项目的发明点集中反映在提出了人脑动态建模、定位及脑功能保护的新技术，大幅提高了神经导航系统的定位精度、导航信息量及工作的可靠性，项目已授权发明专利15项。

案例2：乐普医疗

乐普医疗与天方药业通过股权合作，以河南天方药业中药有限公司为平台，共同发展了心脑血管药品业务。

案例3：冠昊生物

冠昊生物是再生型医用植入器械国家工程实验室、再生型生物膜国家高技术产业化的示范基地，主打产品生物型硬脑（脊）膜补片，是国内脑膜市场第一品牌，实际控制人之一徐国风是国内知名的生物材料专家。

● **机器人领域投资**

智能制造领域是"中国制造2025"的主攻方向，在《"十三五"国家科技创新规划》中，智能制造也是重点领域。国际机器人联合会（IFR）发布了全球工业机器人最新统计数据，去年全球工业机器人销量为29万台，增速14%，2017年增速为13%左右。中国、日本、韩国、美国、德国占据了全球工业机器人74%的份额，中国已连续5年成为全球第一大市场。

北极光创投以早期、科技、中国三个词为出发点，北极光创投以资本助力了大批技术驱动型公司，并将它们逐步打造成全球领先企业。在人工智能领域，北极光的布局遍布机器学习、智能汽车、增强现实、机器翻译多个领域。

2017年6月28日，36氪在"智汇、智变、智成——2017商业新生态峰会"上发布了中国人工智能领域投资机构10强榜单，10强获奖理由如下：

创新工场以技术型投资为特点，在人工智能领域布局30多个项目。其以人工智能工程院为平台，帮助创业者开发人工智能场景应用，是推动科研成果向产业实践转化的资本先锋。

IDG资本以技术为驱动，从云计算到人工智能，始终保持对前沿科技领域的敏锐度，主导投资明星项目商汤科技；同时，在智能医疗和智能交通领域出手频繁，发掘市场痛点。

经纬中国快速布局了语义识别、人脸识别、智能汽车、机器人等领域，投资案例包括：智能交互决策引擎技术的领航者蓦然认知、领先的工业机器人"大脑"库柏特。

联想之星是天使圈中"最著名的隐士"，低调、果敢，在前沿科技领域获得多个明星项目，投资项目包括：人脸识别准确率世界第一的旷视科技、世界第一人机对话技术提供商思必驰，是用资本撬动科技发展的全球化推手。

明势资本在人工智能领域下捕获的20余个项目，涉及芯片、深度学习等基础技术，也覆盖到了人工智能各场景下的终端产品。他们深耕并用资本投票这个极有未来价值的领域，为人工智能的技术发展起到了深远的助力作用。

源码资本坚信人工智能是如今时代最激动人心和最具变革性的机遇，他们紧紧抓住能提供应用层的行业解决方案，在垂直行业中找到价值创造点，真正以资本为撬动，让"智能+"为行业赋能。代表项目有：今日头条、趣店集团（趣分期）、车和家等。

英诺天使基金，秉承"投资创新、成人达己"的信条，深耕人工智能领域，尤其在机器人领域成绩出色。明星项目包括：智能机器人新秀臻迪科技、人工智能计算平台异构智能，是人工智能领域天使投资的绝对领跑者。

云启资本成立3年，操作了约50个项目，其将大多数注意力交给云计算、大数据和智能相关领域，在机器人领域的布局尤为出色。代表项目有：Roadstar，擎朗机器人，Robby机器人等。

真格基金是最早关注人工智能领域的投资机构之一，在计算机视觉、机器学习、智能医疗等领域活跃，在天使轮投资了依图科技、出门问问等明星项目，是人工智能领域名副其实的独角兽捕手。

● 大数据领域投资

《大数据产业发展规划（2016—2020年）》提出目标，到2020年技术先进、应用繁荣、保障有力的大数据产业体系基本形成；大数据相关产品和服务业务收入突破1万亿元，年均复合增长率保持30%左右。

如今，大数据已经得到政府的高度重视，围绕大数据的商业模式不断推陈出新。综合各行业现状，大数据与互联网金融、互联网医疗、工业互联网、车联网、信息安全等行业的结合将产生巨大的化学反应。

自2011年以来，大数据领域成功融资的企业数量逐年增加，2014年进入快速上升阶段，环比增长176.47%，2016年获得融资的企业数量达到221家。数据显示，截至2017年8月初，大数据领域有183家企业获得融资，2017年全年大数据领域投融资事件累计发生313起，大数据领域持续获得资本市场的高度青睐。

新兴产业投资规则与融资攻略

对资本和企业来说,代表着国家在国际上的战略竞争力的新兴技术都是一个巨大的市场,蕴含着无数机会。那么,投资机构的投资规则和企业的融资攻略是什么?下面将针对这两方面问题进行探讨。

● 投资机构的投资规则

所谓新兴产业是指,随着新科研成果和新兴技术的发明,出现的新部门和行业。目前,全球范围内颇受关注的新兴产业包括:电子、信息、生物、新材料、新能源等新兴产业部门。

如何投资新兴产业?如何选择理想投资标的?对于投资机构来说,需要具备什么样的素质?

1. 认识新兴产业。

新兴产业有六大特点,如表8—1所示。

表8—1 新兴产业有六大特点

序号	内容
1	建立在重大前沿的科技突破基础上,比如传输信息的速度,比如计算机的运转速度、储能的技术突破;

2	代表着未来行业和科技发展方向；
3	体现了知识经济、循环经济、低碳经济发展的动向；
4	处于成长的初期，所谓成长初期并不是说这套技术还在实验室里，是已经开始把实验室的技术落地，并有了技术的突破、论证或已作为商业化运作；
5	拥有巨大的市场空间和发展的潜力，这个潜力是投资机构最为看重的，蛋糕足够大，就是很受关注的行业；
6	对经济社会具有全局带动和重大引领的作用，高科技、高成长，加上巨大的市场潜能，这是投资机构的理想标的。

同样，新兴产业也有一些负面问题，大概有几方面的短板，如表8—2所示。

表8—2　新兴产业的短板

序号	内容
1	不确定性非常大，包括技术、市场、环境等。尤其是技术方面，一个新鲜事物出来后，技术路线很多种，比如太阳能有膜的技术，有硅的技术等，选择哪种技术路线，风险同样很大。细致调研是必经路线，新兴技术成功的不确定性很大，很难去把控，一旦技术路线踩错了，投资风险巨大。
2	对产业的资本投入非常大，比如芯片投入，投入额巨大且投资和产出效益的周期较长。
3	产业化过程中产业链不成熟，很多新兴产业东西都不具备，比如研发新的生产设备，在实验室阶段可能小规模做得了，但是到了产业化阶段。这方面的不成熟会带来很多问题。
4	初期没有形成规模的情况下性价比差，初期产品成本价格很高。
5	政策影响明显。政府的引领、政府补贴、政策变化对行业影响很大。

2.选择理想投资标的。

投资新兴产业，总体上应该向头部集中，具体包括以下几个方面。如表8—3所示。

表 8—3 新兴产业投资的"头部集中"策略

投资策略	实操分析
关注团队	被投团队一是要想做事，二是能做事、有本事做事，三是能做成事。一个企业在发展过程中是不断变化策略的，所以被投企业管理团队的学习能力非常重要，我们自身是从核心技术、市场洞悉能力、技术落地能力、维护能力等几方面来判断团队的。其中，技术落地能力是我们特别关注的。
关注投资阶段	早期 VS 相对成熟期。早期大家还没有关注，投资金额不会很大，投资机构一旦进入，占的投资比例会比较大，随之成功后的回报也大。如果投资相对成熟期，则主要是在行业充分竞争或者行业刚露头时的前三家公司，估值可能高一点，但性价比会比较高，排名靠前的公司会在行业里成为龙头。在这两端性价比较好、风险可控、回报率是较好的。不过实际情况是，在充分竞争阶段，投资机构很难看出来哪家企业会脱颖而出，因为有很多因素制约。但要清醒的是，某个行业内，只有前几名会成功，大部分会失败。如果在互联网行业，就必须排名第一或第二。现在头部集中的趋势越来越明显。比如说，一个有资金实力的公司投资了某家新兴行业的公司，马上就有人跟着投。市场上可以很明显看到，大公司站队，投资向头部集中的趋势很清晰。
企业的核心价值判断	企业类型一般有三种：一种是应用性非常强的企业。技术可能不是最好的，但应用落地能力非常强，这种公司的生存状态会比较好；二是纯技术公司。可能没有应用落地等能力，但技术研发能力非常强；三是投资推动型公司，但这类公司需要大量资金去推动。上述三种公司里，应该偏好应用性非常强的公司，尤其是商业模式创新、技术亦最成熟，把技术应用商业化的成功概率会非常大。
关注政策	投资新兴产业必须关注政策走向及变动趋势。事实上，政策变动对新兴行业有很大的影响。
关注市场需求	关注并了解真实的市场需求，包括发展环境等足以影响产业发展的变化。这个其实很难判断。像很多新的业态，比如家庭智能板块，用语音控制开关电视，开始论证的时候都觉得有前景，实际运用时却发现没太大必要。不排除有的家庭在某些特定情况下有用，比如移动不方便的情况下启用语音控制。但在最开始大家想象过程中这是非常大的需求。所以说，真正需求落地的判断是非常难的。
持续融资能力	要关注企业的持续融资能力。新兴产业需要大量的资金投资，前面可能很多年都是在亏损的。必须不断有资金投入。股东结构里需要有机构持续投资，判断是否投资时，这一点也是比较重要的。持续融资能力在新兴产业里必不可少。

3. 投资机构需要具备的素质。

对于投资机构来说，需要具备以下素质。如表8—4所示。

表8—4 投资机构投资新兴产业投资需要的素质

事 项	含 义
要有市场化的概念	在国资背景的投资机构中，管理体制、决策流程上是否能做到市场化决策？决策上的市场化看起来不是很难，投委会每人一票。但可能并不能达到全体投委会成员都是凭对项目的看法投出自己的一票，投委会中有领导担任投委会主任或成员，一些其他成员投票就会变成领导觉得哪个项目好，也跟着投。这种现象一段时间在体制内很多投资公司都存在。国外投资机构为什么这个问题不是很明显？因为国外机构大部分是合伙人制，合伙人做一支基金，都要获利，大家利益是相同的。所以面对项目要把自己心里的东西讲出来，这样对项目的论证才能把控风险，成功率才能高。但我们现在这种机制下就有可能失去这个作用。还有一方面，如果机制上不是非常到位，一些外部投资的委员就更不会发表意见。解决问题也有办法。可以在细节上设计制度、约定和约束。比如发言，让领导最后发言，这样每个成员相对都会畅所欲言，诸如此类做一些安排。另外可以做分配体制的挂钩，投资不好怎么处罚，投资业绩好怎么奖励，同时建立有效的跟投制度等。
投资团队，要专业、专注并有担当	尤其是管理层，要有担当的精神。投资过程中最痛苦的不是在投之前怎么投，其实投完之后才是最痛苦的，投完以后发现企业出现了问题，怎么化解是最痛苦的事。比如企业遇到困难，投资企业该怎么做？按照纸面合同可以起诉，但一旦起诉，银行就会抽贷，很多债权就会发生，那么可能所投资的公司完全扶不起来了。避免这样的情况，最好是事先协商，比如先还多少，三个月后再还多少，一次一次还，利率打折，这样把事情解决。但做这些决定都要有担当精神，因为原来签的协议可能是回报率12%，最后落地却变成了8%或者6%了。面临上级审计的时候，就要讲清楚。担当精神在整个投资过程中非常重要，因为投资过程中一定会遇到这样的企业让我们去做这种事。从这一点引申出来，投资机构要有试错的机制。做投资不可能100%的成功，安全再安全的项目基本上就是回报率很低的。
投资原则	所谓投资原则，即相对之标准、规范之流程、成败之细节。投资机构一开始要定相对的投资标准，非常重要。海通旗下的中比产业基金于2004年成立，成立一开始就对企业的选择设计有很规范的标准，比如毛利率收益多少等一系列指标，这个指标相对浮动，但是一定要有。中比产业基金坚持10多年，能够成功投资一些中小企业，把控住了相应的投资标准是很重要的因素。投资机构千万不能今天左、明天右，就是要坚持所制定的投资逻辑、标准。所以对于投资机构来说，一定要有一套相应的投资标准，要投资什么行业，大概什么样的企业等，不然走着走着可能就偏了。

投资流程	科学合理的流程。首先是要有科学的流程,其次是流程的执行一定要到位。流程设置要防范两大风险,一是企业在发展过程中的风险,这是所有的投资机构要面对的,而且必须要承担的风险。另一种风险是信用风险,在投资的时候,尽调不充分,没有看清企业隐藏的问题。其实后一种风险是可以降到最低的。但是奇怪的是,投资机构往往在这上面吃亏。比如相信市场中的一些投资大佬,所以跟着他们投了,直至最后问题发生。这就说明,投资一定要按照规定的程序来做。比如说尽职调查,一定要事先设计好一份目录,一项一项画钩,企业高管2/3谈话是不是谈到了?企业主要的部门是不是通过了访谈?这样做下来,每次投资经理都会很详细地去调查。遵守程序更在于细节设计。投资机构海通开元去做尽职调查项目的通常有投资经理还有风控部门负责人,他们当然是从不同角度去看待被投企业的。他们的流程制度是,投资经理和风控部门负责人同时向投委会做汇报,但后来我们发现了问题:风控部门的负责人通过尽调可能看出来问题了,但碍于投资经理在场不太会说。后来我们调整了程序,投资经理在说项目的时候,风控部门同事在旁边听,风控部门对项目进行判断说建议时,投资经理要出去,最后投委会决策。海通开元投委会只有3个人,一票否决制,有一个人说不同意投大家就不投了。这种小的细节性的东西都非常重要。这样才能听到真正的声音。还有就是要求投委会成员至少两个人要去实地看项目,并且最少见过两个高管谈话。这些细节设计对投资很有必要。
投资金额的选定	如果每个项目投的都很散,基本上就都没有高额回报,但如果在某个项目投得分量很重,那么风险就会随之加大。所以投资讲究度的概念。看好了就要敢于去投,如果确实觉得还有顾虑就别投了。因为投一个项目,自己认为能投的话要有一定的量做保证。

最后总结,投资新兴产业企业,资本要多元化,业务要基金化,管理要市场化,队伍要专业化,运作要规范化。

● 企业的融资攻略

对于新兴产业来说,资金需求通常都比较旺盛,一方面是因为,产业本身知识和技术的密集性,需要大额的研发投入作为支撑;另一方面则是因为,新兴产业具有在产业链上进行横向、纵向延伸的天然需求,并购活动层出不穷,进一步提升了融资需求。

可是，鉴于新兴产业的高风险特性，上述融资需求既无法获得银行信贷的青睐，也难以在短期内登陆直接融资平台，而获得充分的资金注入，因此，通过多元化的融资策略获得发展所需要的资金是新兴产业面临的挑战。在这里，我们来看看B集团在融资过程中是怎么做的：

B集团是一家综合性大型工业企业，成立于2000年9月，其以工业板块为主体，融产品经营、产业经营和资本经营为一体。近年来，B集团通过重组，逐步收缩了自己的业务范围，重点发展污水处理、固体废物（生活垃圾）处理和清洁能源应用等节能减排产业，同时培育发展大数据应用等新技术产业。经过业务结构的不断调整，新兴产业在集团业务结构中的占比大幅上升，截至2016年年末，新兴产业创造的收入已约占到集团全部收入的90%，所占资产比例也将近80%。

但是，B集团遇到了资金方面的困扰：一是近10年来，集团深耕的环境综合整治产业，投入大、周期长，短期内收益难以快速见效，仅依靠企业内源性融资，无法在短期内获得充分的资金积累；二是在外部融资上，新兴产业本身的特性导致其能够获得的融资规模较为有限，融资手段不够丰富、创新不足，无法满足多层次、多方向的融资需求；三是由于上市资产的监管要求，统筹融资的力度较弱，无法形成高效的协同。如此，不仅给市场份额和业务规模的扩张带来了困难；也使集团无法进行大体量的并购，更无法对科技研发开展持续性投入，不利于集团主业的长远发展。

为了解决这个融资难题，B集团对多元化融资策略进行了研究探索，根据集团旗下不同的行业和所处的不同发展阶段制定了配套的融资计划：对市场接受程度较高的项目和产业，采用传统模式进行融资，包括：运用企业的留存收益进行内源性融资、引入外部投资者、发债及申请银行贷款等，如果条件允许，还能通过财政专项资金和专项产业基金进一步拓宽融资渠道。

可是，在传统模式下，融资金额、融资用途和支付进度都有比较明确的限制，例如：商业银行的基建项目贷款，贷款支持的项目本身需要按照国家规定的审批程序进行审批，项目资本金还要占到总投资的一定比例，通常要达到30%以上；进入施工建设阶段后，按照项目进度进行付款；项目建成后，要由有关部门组织竣工、决算、验收等工作。对于集团来说，无法统筹机动地使用资金，不利于提高资金的使用效率。

鉴于上述情况，B集团开始探索适合新兴产业发展特点的一套融资模式，探索出一套与之相匹配的融资体系。比如，处于种子期、初创期的项目，资产大都以知识产权为主，难以进行评估质押，无法满足常规的融资条件，如果能将这些项目相对集中于科技园区，再以园区为载体来发行联合信托、联合债券、联合票据等，就可以在一定程度上解决融资问题。

同时，为了从根本上解决融资问题，B集团还进一步优化和培育了旗下的新兴产业，进行了一系列重组：按照业务的发展方向，将关联度较强的子公司和资产通过划转、合并、重组等方式聚拢在一起，使之成为发展相关产业的载体；在此基础上，对未上市的主业企业进行股份制改造，建立规范的公司治理结构，引入战略投资者，剥离非经营资产，努力解决产业上下游在技术和资金统筹等问题，逐步实现IPO上市或在二级市场收购同行业企业实现上市；对发展前景较好、已具备"新三板"挂牌基本条件的企业，进一步整合内部资源或兼并外部同行企业，使其尽快符合挂牌条件；对于已上市的主业企业，进一步推动其通过并购实现快速发展……最终实现优质主业资产与资本市场充分对接，为下一步的扩张奠定基础。

此外，为进一步拓展融资渠道，B集团还设立了基金管理公司，积极申请筹建财务公司。如此，不仅可以多渠道、多形式地吸纳社会资本；还可以利用专业团队进行专业化运作，实现融资资源的充分统筹。

基金管理公司按照市场化原则设立的"母基金+子基金"模式的国有资本投资基金，可以在吸收国有资本的基础上，分行业投入到污水垃圾处理、清洁能源应用及大数据应用等产业，在满足这些行业的资金需求的同时，为国有投资基金提供有价值的投资渠道，实现社会效益与经济效益双赢；财务公司则能够进一步提升集团的融资和统筹能力，在政策允许的范围内，实现对集团成员企业的资金归集，并建设商贸、金融和物流等三方合作的供应链金融平台，进一步提升集团的产业链融资能力。

B集团的融资操作给我们的启示意义在于：企业要融资，就必须握好两个要点：第一，鉴于自身的高风险特性，新兴产业要通过多元化的融资策略，获得发展需要的资金；第二，通过内部业务重组、设立基金管理公司和申请筹建财务公司等方式，可以有效实现融资渠道的多元化。

九鼎投资：解读"十三五"，助力新兴产业

2017年是"十三五"规划的第二年，"十三五"各细分领域规划逐渐进入落实攻坚期。

2016年末，国务院印发了《"十三五"国家战略性发展规划》（以下简称《规划》），对未来几年中国新兴产业的发展带来重大提振，明确提出：到2020年，将形成新一代、高端制造、生物、绿色低碳、数字创意等5个产值规模10万亿元级的新支柱，并在海外战略等更广领域形成大批跨界融合的新增长点，平均每年带动新增就业100万人以上。

推动新兴产业发展，培育发展新动力，是振兴实体经济的重要环节。《规划》是重要的政策风向标，深刻影响着中国的产业发展和的资本战略。著名投资机构九鼎投资积极以资本力量服务实体经济发展，围绕《规划》提出的任务目标，进一步推动新兴产业企业发展，助力中国经济转型升级。

下面，我们就来看看九鼎投资对"十三五"的解读及其助力新兴产业的投资布局情况。

●新一代产业体系

《规划》内容：实施网络强国战略，加快建设"数字中国"，构建万物互联、融合创新、智能协同、安全可控的新一代产业体系。

1. 九鼎认识

目前，中国正处于经历产业结构的转型期，以TMT行业为代表的"新经济"是最活跃的力量。在快速发展的领域，TMT行业投资一直占有重要地位，2016年上半年，TMT行业的投资总额与数量分别占整个行业投资的55%和39%。与其他成熟传统行业"慢牛"、"长牛"的特点不同，TMT行业的"快牛"与"大牛"属性更加明显。

此外，行业内大部分企业受产能和地域的影响较小，规模效应却很强，在激烈的竞争后，大部分细分行业终将形成寡头垄断甚至一家独大的格局。目前，以BAT等为代表的巨头体系已经基本形成，各细分行业正在进入竞争下半场，未来几年将是TMT各细分领域深度洗牌和快速整合的高峰期，九鼎投资将帮助具有竞争力和成长性的优势企业抢占市场，参与塑造TMT行业竞争格局。

2. 九鼎布局

目前，九鼎投资在TMT领域已经投资超过20个项目。其中包括，Pre-IPO投资模式的飞天诚信，PIPE模式的网宿科技定增等。

●关键技术与核心部件

《规划》内容：加快突破关键技术与核心部件，推进重大装备与系统的工程应用和产业化，促进产业链协调发展，塑造新形象，带动制造业水平全面提升。

1. 九鼎认识

高端装备制造，是现代制造业的王冠。在供给侧结构性改革和"2025"国家战略指引下，制造业和信息产业深度融合趋势趋于明朗，若干细分领域将迎来重大发展机遇。

具体来看：高档数控机床、精密机械加工是高端装备制造的基础，工业及其核心零部件、智能化生产线系统集成是智能制造的必备条件，而无人机、服务型、智能等则是人类生活工作的好帮手。这些领域都是九鼎投资高端装备投资的重点。同时，新材料也是制造业整体转型升级的重要环节，材料行业始终是九鼎投资的重点关注板块。

2. 九鼎布局

在高端装备方面，九鼎投资已投项目中有20多家企业已上市或挂牌，包括：地尔汉宇、神州、昊志机电、凤形股份等，部分已投项目实现了40%以上年化收益率。

在新材料方面，2012年九鼎投资入股国内汽车龙头的磷酸铁锂电池正极材料主要供应商安达科技，助力其磷酸铁锂电池正极材料的研发与量产。目前，九鼎投资接触了多家涉及复合材料、OLED、锂电材料、石墨烯等领域的海内外新材料企业，为下一次产业爆发做好布局。

● 精准医疗和个性化医疗

《规划》内容：把握纵深发展、生物新技术广泛应用和融合创新的新趋势，以基因技术快速发展为契机，推动医疗向精准医疗和个性化医疗发展，加快农业育种向高效精准育种升级转化。

1. 九鼎认识

2016年上半年，医药制造业行业收入增速10%，利润增速13%。数据显示，未来几年全行业将保持平均10%～15%的年收入增速，到2020年我国的药品市场规模将达到2.3万亿元。行业增长的驱动力既包括医疗需求的持续释放，比如居民经济条件的持续改善、人口老龄化、二胎政策等；也包括政策制定者对于医药产业的战略定位和政策调整。

整体上，具有较强的成长性、关联性和带动性。具体到医药工业领域，刚需药是我国该领域永恒的主题，这类药物不仅增速较快，国产的同类品种正对进口品种进行持续替代。此外，拥有创新药品种的制药企业也是不错的投资标的。九鼎投资会继续加大在领域的投资力度，推动生物制药企业快速成长，为"健康中国"战略提供服务。

2. 九鼎布局

目前，在生物医药领域，九鼎投资已完成了近50例投资，涉及多个细分领域，其中80%以上企业保持了持续稳定的成长，并发展成为行业内的龙头企业。

● **新能源汽车和新能源**

《规划》内容：大幅提升新能源汽车和新能源的应用比例，全面推进高效节能、先进环保和资源循环利用产业体系建设。

1. 九鼎认识

中国正在从"能源消费大国"向"强国"迈进，能源结构调整的主基调是"绿色低碳、安全高效"。过去5年，全球新增清洁能源设施中已有40%落户中国，中国承诺：到2030年将非化石能源的占比提升至20%，新能源产业的市场前景十分广阔。

在中国经济和能源转型升级的大背景下，发展可再生能源不仅体现在对能源结构的优化，还能有效拉动投资、促进产业结构优化升级；九鼎投资将清洁能源作为能源投资的重点领域，其中，拥有气源优势、价格优势、管网优势、客户优势和规模成长潜力的区域城市管道燃气运营商，具有巨大的产业整合与证券化空间；具有突破性清洁能源技术并具备产业化前景的技术商、制造商，以及具备规模和成本优势的项目运营商，也是具有高成长性的潜在投资标的。

2. 九鼎布局

目前，九鼎投资在新能源领域已投资10多家龙头企业，涵盖传统能源清洁高效利用、可再生能源、能源高效管理等多个细分方向，包括，新天然气、新疆火炬、蓝天燃气等企业。

●文化创意与创新设计

《规划》内容：以数字技术和先进理念推动文化创意与创新设计等产业加快发展，促进文化科技深度融合、相关产业相互渗透。

1. 九鼎认识

目前我国宏观经济增速放缓、结构转型下，文化传媒产业的"口红效应"日益凸显，展现出了良好的抗周期性，承担了更多拉动消费、引领产业升级的重任；随着国家不断加大对版权的保护力度，用户对于内容付费的意愿不断增强，付费用户数量逐渐增多；此外，随着移动、数字技术、通信技术、AR/VR等技术的发展和成熟，文化传媒产业的生产方式、传播渠道等也面临剧变；作为原住民的90后等"新生代"用户群体迅速崛起，带来了"粉丝经济"、"文化"等新一波的消费需求。

（1）从行业发展规律上看，作为生产和传播载体的平台和渠道机构将相对成熟，集中度迅速提高；内容创作和与之匹配的宣传发行等环节也将迎来快速发展；文化传媒与其他经济活动跨界融合，发展出更多类型的衍生变现。

（2）从内容类型上，游戏、文学等行业的成熟度要相对高于影视、演出等需要资本深度配合的行业，而动漫、等行业则正处于成长初期乃至起步期。

2. 九鼎布局

九鼎投资利用成熟度象限的匹配，发掘不同类型投资机会，比如：在成长型投资机会方面，关注仍处于发展初期的动漫类平台、影视 PGC 制作方、电竞内容&平台、特色演出机构等，针对这些领域中已相对成熟的细分领域和环节，会关注其并购整合方面的需求。

● **战略性国际合作新机制**

《规划》内容：贯彻国家开放发展战略部署，构建战略性国际合作新机制，建设全球创新发展网络，推动产业链全球布局，拓展发展新路径。要积极引入全球资源，打造国际合作新平台，构建全球创新发展网路，深度融入全球产业链。

1. 九鼎认识

在经济转型升级的过程中，一大批优质的制造业企业，面临着产业转型升级和技术创新驱动下的新机遇。因此，利用中国健全的工业体系、丰富的工程师资源、较低的成本优势和广阔的市场需求，在全球范围内开展产业整合，已经成为中国企业转型升级的重要途径。

2. 九鼎布局

（1）在国家战略方面，九鼎投资致力于推动有竞争力的企业由全国性龙头成长为全球性龙头。在这一过程中，会帮助龙头企业在海外开展横向、纵向等不同类型的并购投资，拓展技术、品牌和市场资源，实现自身技术、品牌的升级和业务版图的进一步拓展，实现从中国龙头向世界级企业的跨越。

（2）在海外战略方面，2015 年九鼎投资控股东莞宏图，将其核心资产并入上市公司天润曲轴，帮助天润曲轴打开了汽车轻量化领域的国际化布局，助力两家实体企业强强联手，形成跨界融合的新增长点。此外，九鼎投资还联合复星国际，与已投企业众信旅游共同收购了法国旅游企业Club Med，为众信旅游出境旅游业务打下坚实基础。

后记

在"大众创业、万众创新"的时代背景下,中国股权投资市场正在发生深刻变化,随着2017年IPO的整体提速,股权退出渠道得到疏通,创投市场与私募投资慢慢被市场接受,成为市场上较为普遍的资产配置方式之一。

在新常态下,股权投资的重点行业和领域应该TMT行业、大消费领域、文体娱乐产业、教育产业、医疗大健康产业、智能制造领域、新兴技术产业等,这些领域都有不可忽视的投资良机。关注这些行业和领域,抓住机会做投资,必将获得理想的回报!

参考资料

1.〔美〕保罗·皮尔泽著，王永译《财富第五波》，吉林大学出版社，2004年5月1日。

2.〔美〕摩尔著，赵娅译《跨越鸿沟》，机械工业出版社，2009年1月1日。

3.〔美〕彼得·蒂尔、布莱克·马斯特斯著，高玉芳译《从0到1：开启商业与未来的秘密》，中信出版社，2015年1月1日。